ストイック禁止！
やせる体をつくる

ストレッチ×ゆる筋トレ

Daigo 著

ナツメ社

筋トレだけでは
やせない！

美しい女性でいたい！　やせてキレイになりたい！
そう思いつつも、ダイエットに関する悩みはつきません。
そしてダイエットに悩むあなたも**やせるためには、筋トレが必須!!**　そんなふうに思っていませんか。
実際のところ、筋トレそのものに『やせる＝体重を落とす』という効果はありません。

そのため、体重を落としたい！　という目的をもつ女性にとって、筋トレはあまり意味のない行動になってしまいます。

しかし、見た目にメリハリをつけるという意味では筋トレがとても大切になってきます。

体重が軽くなったとしても、体重が重くなったとしても、その体重における**『自分史上最高の見た目』**にしてくれるのが筋トレです。

ここで重要なのが、あなたの体は筋トレをする準備ができているのか？　ということ。実は、デスクワークやスマホなどによって、長時間同じ姿勢でいる

ため筋肉や姿勢がこり固まったままという女性がほとんど。この状態で筋トレをすると、バランスが悪いまま筋肉がつくことになり、コンプレックスがある部分がより強調されるという残念な結果に……。

まずは、本書で紹介しているストレッチからはじめてみて、かたよった体の使い方のバランスを整えるようにしましょう。特に今から筋トレをはじめたい人は、筋トレ前のストレッチがマスト！

実は、普段体を動かす習慣がない人にとって、筋トレで正しい動きを実践する……というのはとても難しいのです。日頃からストレッチを取り入れたり、筋トレ前にストレッチをしたりすることで、体の使い方のバランスが整って、筋トレをする際に体が動かしやすくなります。そうすると、バランスのよいメリハリのある体を手にいれることができます。

本当は、なにもしなくても体重はキープできる！

日々、ダイエットのために食事制限や運動をしたり、流行りのダイエットに手を出したりしては、挫折やリバウンドを繰り返す……。そんな人が多いのではないでしょうか。でも、そんなダイエットとは、今日でおさらばしてしまいましょう。

実は、人間の体は本来その人にとって一番よい体重をキープできるようになっています。体重が一時的に増減しても、

1 摂取カロリー（食欲）を増やすor減らす

2 消費カロリー（代謝）を増やすor減らす

カロリーオーバー
食欲おさえて

カロリー不足
代謝を下げて

というように食欲と代謝の2つをコントロールして、体重を元々決められた一

定の値に戻します。

この体重を一定に保つ働き、いわば体重の設定値のような体の仕組みを**「セットポイント」**といいます。

セットポイントが正常に機能していた場合、摂取カロリーが過剰になると、脳は食欲を減らしたり、体がアクティブ（例えば貧乏ゆすりが増える、しきりに体勢を変えるなど）になるよう指示を出したりします。

一方で、摂取カロリーが不足している場合は、脳は食欲を増やしたり、代謝率を下げるといった体が非活動的になるような指示を出したりします。脳はこのような指示を出すことで、体重が常に一定の範囲内に収まるようコントロールしています。

つまり、エアコンの設定温度のようなものが体に存在するのです。そして、このセットポイントが正しく機能していれば、**あなたの体は太らないはずなのです。**

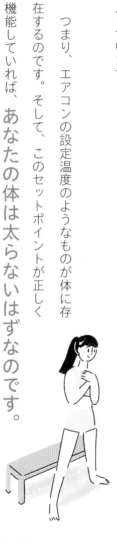

キーワードは「セットポイント」！

体重を一定に保ってくれる機能があるなら、なんで私は太っているの!?　そう思われた人も多いのではないでしょうか。

それは、不規則な生活習慣や加工食品ばかりの食事によって、私たちのセットポイントが正常に機能しにくくなる状態が習慣化され、脳が調節する食欲と代謝の繊細なバランスが崩れているから。その結果、セットポイントの設定値が高い（＝体重が重い）状態で固定化しているのです。

つまり、今太っている人は**『体重の設定値が高くなってしまう習慣』をもっている**ため、体がその状態に見合った体重をキープしようとしているということ。

極端な食事制限や激しい運動をすれば、セットポイントが高いままでも、一時的にはやせることができます。しかし、脳は高いままのセットポイントに合

わせて食欲や代謝を調整し、常に体重をやせる前の状態に戻そうとがんばるので、それに抵抗し続けるのは難しいです。

そもそも、あなたがダイエットをするのは一時的にやせたいからですか？きっと違いますよね。やせてキレイになった自分を一生キープしたい！と思っているはずです。それなら、今日からはもう『一時的にやせる方法』に飛びつくのはやめましょう。

無理なダイエットをしなくても、セットポイントを本来の値に正すことができれば、あなたの体重を適正にキープできるよう、体が勝手に働いてくれます。

そして、**セットポイントを正す方法は**
意外と簡単です。

本書で紹介する簡単な運動、適切な睡眠や食生活、そして過度なストレスのない生活を送ることができれば、あなたの体は本来の機能を取り戻し、**一生体重を**
キープすることができます！

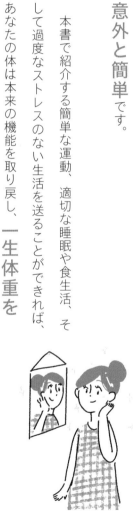

CASE 1

体重が重い

⇓

食事など
生活習慣を改善する

こんなんがあてはまる！

- □ BMI値が高い
- □ 運動をする習慣がまったくない
- □ 食生活が乱れている
- □ 不規則な生活をしている
- □ 睡眠時間が短い

筋トレとセットポイントの重要性を理解したところで、あなたの体型の問題がどこにあるか考えてみましょう。ここからは4つの問題点に分けて原因を探っていきます。

まず、1つ目としてあげられるのが、ただ単に体重が重い＝つまり太っている人。

あなたが太っているかどうかはBMI数値｛体重kg÷（身長m×身長m）｝で判断しましょう。基本的に、BMI数値は22が適正といわれています。ただし、女性の美容ニーズでいうと20ぐらいでキープできるのが美しいとされることが多いようです。18や19あたりを目指したくても、これは遺伝的な作用も大きいので、ここを目標にする必要はあまりありません。25を超えるようなら体脂肪が多すぎるということ。まずは、PART3を参考に食事の改善からはじめましょう。

実は、世界でいちばん健康的な生活をしているのは、狩猟採集民です。そういう人たちのBMI数値は20ぐらい。そして彼らの生活スタイルは、かなり理想的です。

●朝起きて、夜寝る生活サイクルがある　●加工食品を食べない
●電子デバイス、ブルーライトがないため、睡眠の質が高い　●食べすぎることがない
●食べるためには採集（運動）をする必要がある

なお、BMI数値が23を超える人は、多くの場合不規則な生活を送っています。そして、そもそも健康に無頓着なことが多いです。生活習慣を見直すところからはじめてみましょう。そうすることで、セットポイントも正すことができます。

CASE 2

体の姿勢・バランスが悪い

⇓

ストレッチで体のバランスを整える

こんな人があてはまる！

- □ 椅子に座っている時間が長い
- □ 片脚に体重をかけた立ち方をする
- □ パソコンの画面をナナメに見てしまう
- □ よく女の子座りをする
- □ 脚を組むクセがある

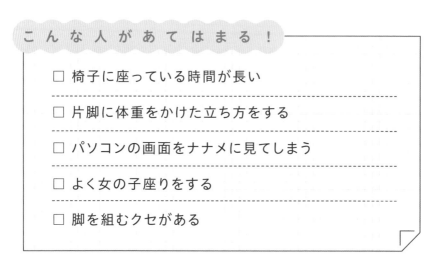

次は、猫背や反り腰などの体の姿勢が悪い人です。姿勢が悪いことのデメリットは、第一に『見え方』（太く見える、大きく見える）という点があげられますが、最も重要なのは『姿勢が悪い』という状態は、すでに体の使い方のバランスが崩れている証明であること。

姿勢が悪く体が固まっている人の筋肉は、ある片方の筋肉は常に働きすぎていて、短く固まっています。一方で、その裏側では、常に引き伸ばされて縮まることができなくなった、まるで劣化したゴムのような筋肉があるのです。そして、最大の問題はこのまま筋トレをしてもまったく意味がないということ。この状態で体を鍛えていくと、普段使い慣れた体のバランスを保ったまま、筋肉がついてきます。つまり、コンプレックスな部分がより強調されるという残念な結果に……。

メリハリのある体になりたい！　と焦る気持ちもわかりますが、筋トレよりも先に、体の使い方のバランスを正すためのストレッチをすることが重要。ストレッチを通して、がんばりすぎてこり固まっているほうの筋肉をゆるめて、全体のバランスを整えましょう。

[体の使い方のバランスがよい、悪いとは？]

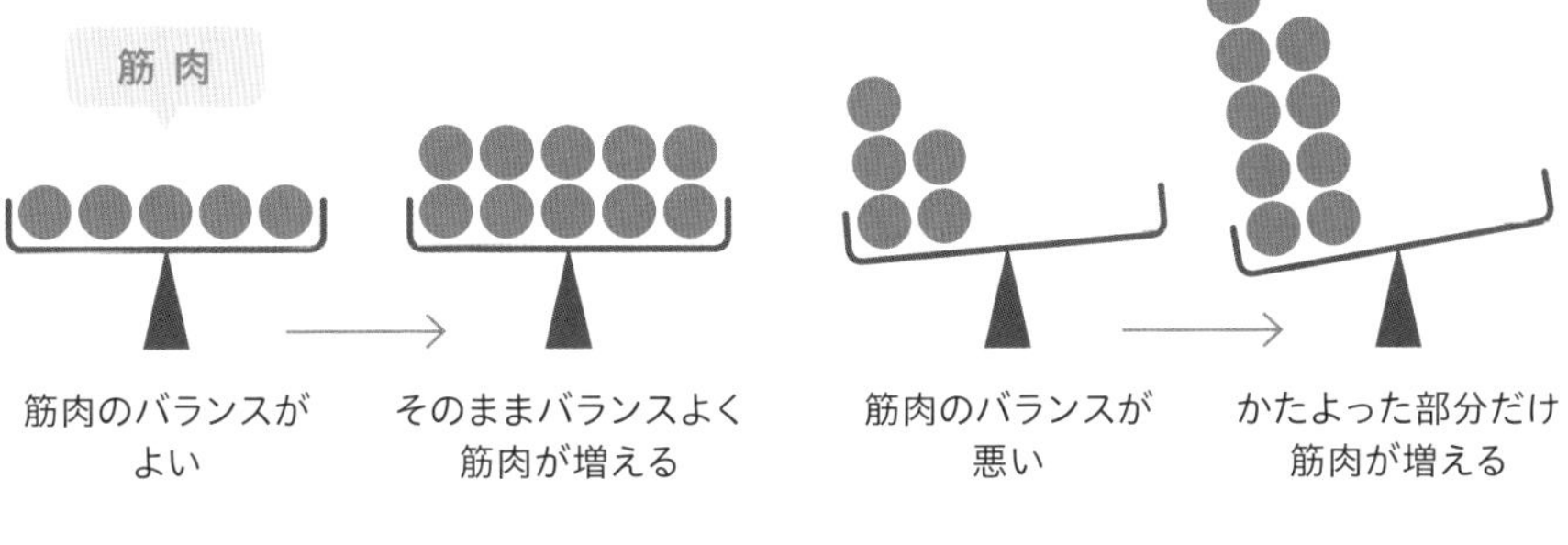
筋肉
筋肉のバランスがよい
そのままバランスよく筋肉が増える
筋肉のバランスが悪い
かたよった部分だけ筋肉が増える

CASE 3

体脂肪率が高い

⇓

筋トレで体のメリハリを作る!

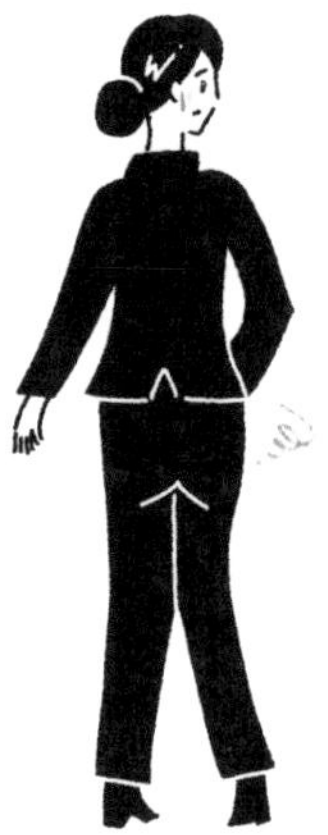

こんな人があてはまる!

- □ 筋肉量が少ない
- □ BMI数値は20以下
- □ あまり運動しない
- □ やせているのに、引き締まっている印象がない
- □ 食べないダイエットを繰り返してきた

Ｐ９で解説したように、単純に太っている人は体脂肪率も高いです。ですが、ここで注目したいのは、やせているのに体脂肪率が高い＝筋肉量が少ない人です。このような人は、セットポイント自体には問題はありません。ただし、体脂肪率が高いため、プヨプヨしてメリハリのない印象になってしまいます。同じ体重だったとしても、体脂肪率が低い人のほうが筋肉量が多いため、メリハリのある体になります。この問題を解決するためには、体の筋肉の割合を増やす必要があります。つまり、筋トレです。

また、このＣＡＳＥの人は食事量を減らして栄養を削りすぎてしまう傾向にあるので、むしろ体重が増えるくらいのつもりでしっかり食べることが重要です。なぜなら、ただ筋トレをしただけでは筋肉は増えないからです。その材料となる十分な栄養があって、はじめて筋肉が増えます。ＣＡＳＥ２と大きくやることが変わるわけではありませんが、徐々に筋トレの負荷を上げていけるとさらに効果的です。そして、負荷を上げていくほど、適切な体の動かし方をしっかり意識することがより大事になってきます。

よく、運動していたから脚が太い！　という女性がいます。しかし、同じ部活やトレーニングをやっていた人のなかでも、脚が太い人と太くない人がいます。運動をたくさんしていたから脚が太い……というわけではありません。太くなってしまう人は、運動の負荷をすべて脚にかけてしまう、誤った体の使い方をしている人なのです。

適切な体の動きを学んでから、ダンベルなどの負荷を足していくことによって、よいバランスのうえに『メリハリ』が生まれます。

CASE 4

やせなきゃ！という思いが強すぎる

⇓

周りの人と比べるのをやめる！

こんな人があてはまる！

- □ SNSでやせた人を見て焦る
- □ 周りと比べて太っていると思う
- □ Sサイズの服じゃないとヤバいと思う
- □ やせるための情報を常に収集している
- □ やせるために我慢した生活をしている

実際のところ、日本人の女性でそんなに太っている人はいません。しかし、自分は太いからやせなきゃ！　と思っている女性が多いのも事実です。おそらく、メディアの影響も多いと思います。P9でお伝えしたように、かなり理想的な生活を送っていたとしてもBMI数値は20前後が普通です。テレビにうつる芸能人などには18以下だと公言している人もたくさんいますが、無理せずにBMI数値を19や18でキープできるのは、ほとんどの場合遺伝的な体質によるものです。そこを目指すなら一生、さまざまなものを制限した生活をしなければなりません。

このように、自分のやせるという目標を周りの定義にあわせて決めていませんか？　たとえば『背の高さ』や『脚の長さ』などはいまさら変えられません。他人と比べてもしょうがないですよね。ダイエットも同じように、他の人の目ばかり気にして生きていれば、『いくらやせても一向に解決しない問題』になってしまいます。そして、いつまでも制限しないといけない生活は苦しいだけです。

ほとんどの人がCASE1～4の問題を少しずつもっていますが、女性がキレイでいるためにすべきことは、たった2つです。

①体重のセットポイントを最適な状態まで変える（CASE1の改善）

②ストレッチで体の使い方のバランスを正しくし、筋トレで体の形を整えて、メリハリをつける（CASE2・3の改善）

①・②を実行できれば、あなたの体は必ず変わります。

Contents

PART
2 週2回・たった3種目の筋トレと簡単なストレッチで一生太らない体に

PART
3 ダイエットは日々の生活習慣の結果

PART 4 プラスアルファの筋トレで美BODYに

本書で紹介した方法を実行した場合の効果には個人差があります。

PART 1

体重は
落とすものではなく
勝手に落ちるもの

そもそも、体重とはなんでしょうか？
毎日、体重計にのってはため息をつく日々を送ってはいませんか？
まず、やせるために、あなたが知るべきなのは『正しい体重の考え方』。
正しい考え方がわかれば、無理することなく
やせる体を手に入れることができます。

体重は昨日の自分の通知表ではない！

そもそも
体重ってなに？

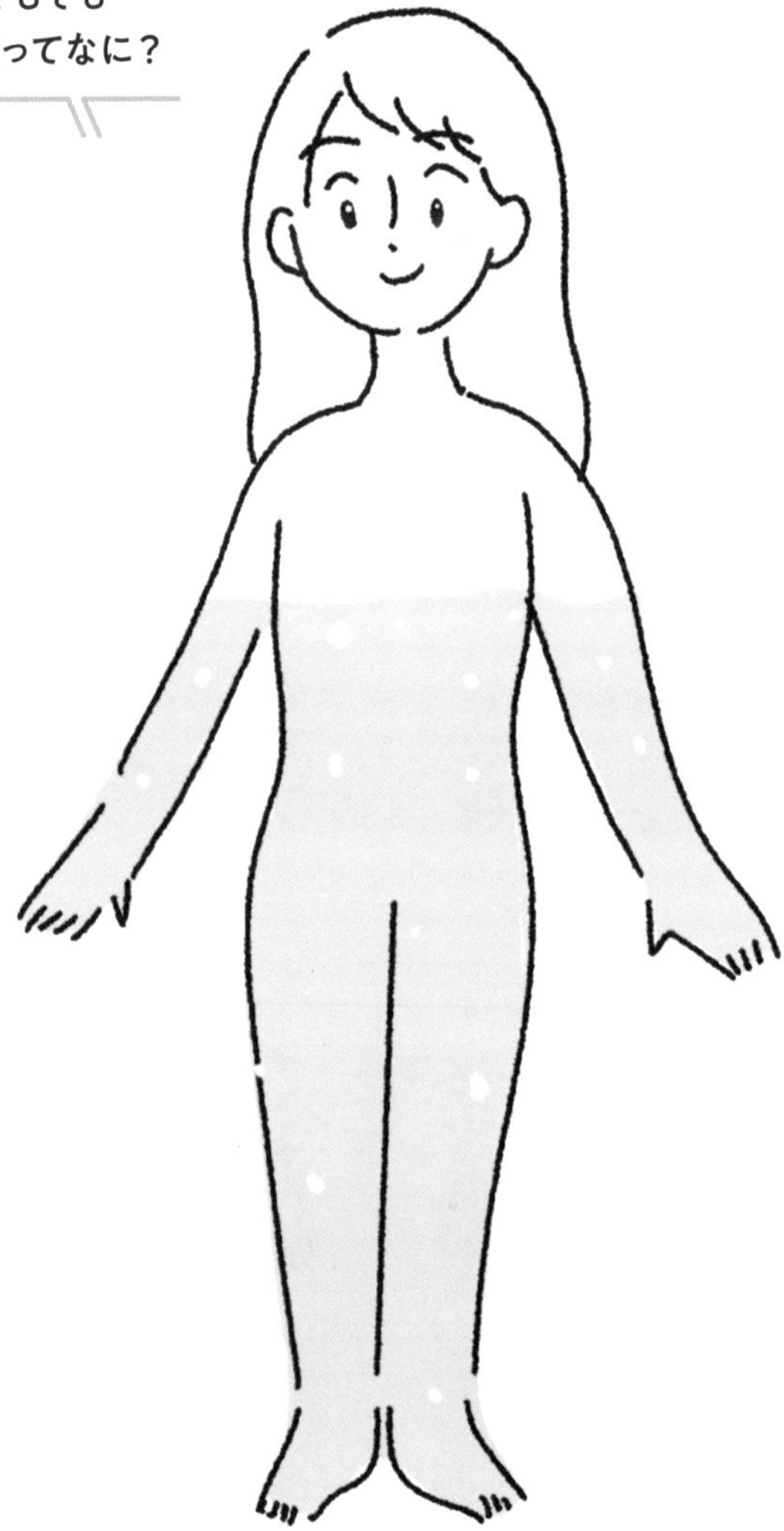

ダイエットをしている人に「体重ってなに？」と聞くと、まず「体脂肪」、次に「筋肉」という言葉が出てきます。たしかに筋肉や脂肪は、努力で変えることができるものです。ですが、私たちの体は体脂肪と筋肉のみで構成されているわけではありません。自分の意思では変えられない骨と内臓の重さがまずあり、その周りに筋肉、脂肪などがついています。そして最も忘れてはならないのが、「水分量」。実は成人の場合、体重の約55〜60％を水分が占めているのです。

つまり、あなたを悩ませている体重の大部分は「水分」なのです！

体重計にのって数値が増えていたら「太った！」と、昨日の自分を責めてはいませんか？食事量を減らした日や、運動をした次の日に体重計にのって、５００g減っていたら「やせてる！」と喜んではいませんか？　体組成計で測り、体脂肪率が増えていたら、筋肉が減った、または脂肪が増えたと安易に判断してはいませんか？

実はその行動自体、まったく意味がありません。増減しているのは、あくまで体内の「水分」なのですから。

一般的に筋肉量は1日でそれほど増減しません。「筋トレをしたから筋肉がついて体重が増えたのかも！」と考える人もいますが、残念ながら間違いです。ちなみにボディビルダーでも、１日に増やせる筋肉量はたった10g程度。あんなに激しい運動をしている彼らでも、です。そして、脂肪も1日で大きく増減することはありません。脂肪は1kgにつき、約7200kcalもあります。そして、成人女性が体を維持するのに必要なカロリーは1日あたり約1400~2000kcal。つまり、1kg太るためには普段の食事に加えて、7200kcal分も多く食べなければなりません。その量はラーメンなら14杯、ホールケーキだと3個ほど……！ そんなにたくさん、食べられないですよね。

脂肪を1kg増やすのも、筋肉を1kg増やすのも、実はとても大変なことなのです。

体重計で毎日体重を測ると、1日で1~2kg変わることはザラですが、あくまで水分量が変化しているだけ。さらに女性の場合、生理周期によっても体の水分量は大きく変動します。体重は昨日の自分の通知表ではない、ということがわかってもらえたでしょうか。

もし、目安として自分の本当の体重を知りたいなら、1週間、できれば1ヶ月間記録し続けてその平均値を出すという方法がおすすめ。体重の測り方ですが、1日に1回、排尿の前後や服を着る着ないなど、条件が統一されていればOKです。また、自分の体重の増減を確認したいときも、1ヶ月単位で出した平均値を比較しましょう。

まとめ

体重は簡単に増減するし、体組成計は簡単にウソをつく

【NGな体重計との付き合い方】

1月1日	1月2日	1月3日	1月4日	1月5日
52.3kg	51.5kg	51.3kg	52kg	51.7kg

昨日から0.8kgもダウンした！
夜ご飯で炭水化物を抜いたから!?

また、体重が52kg台に…。
昨日焼肉だったからかな…。

日々の体重の変化は水分量によるもの！
一喜一憂する必要なし！

正しい体重を知りたいなら、1カ月の平均値を出してみよう！
それがあなたの実際の体重です！

【生理周期と体の水分量】

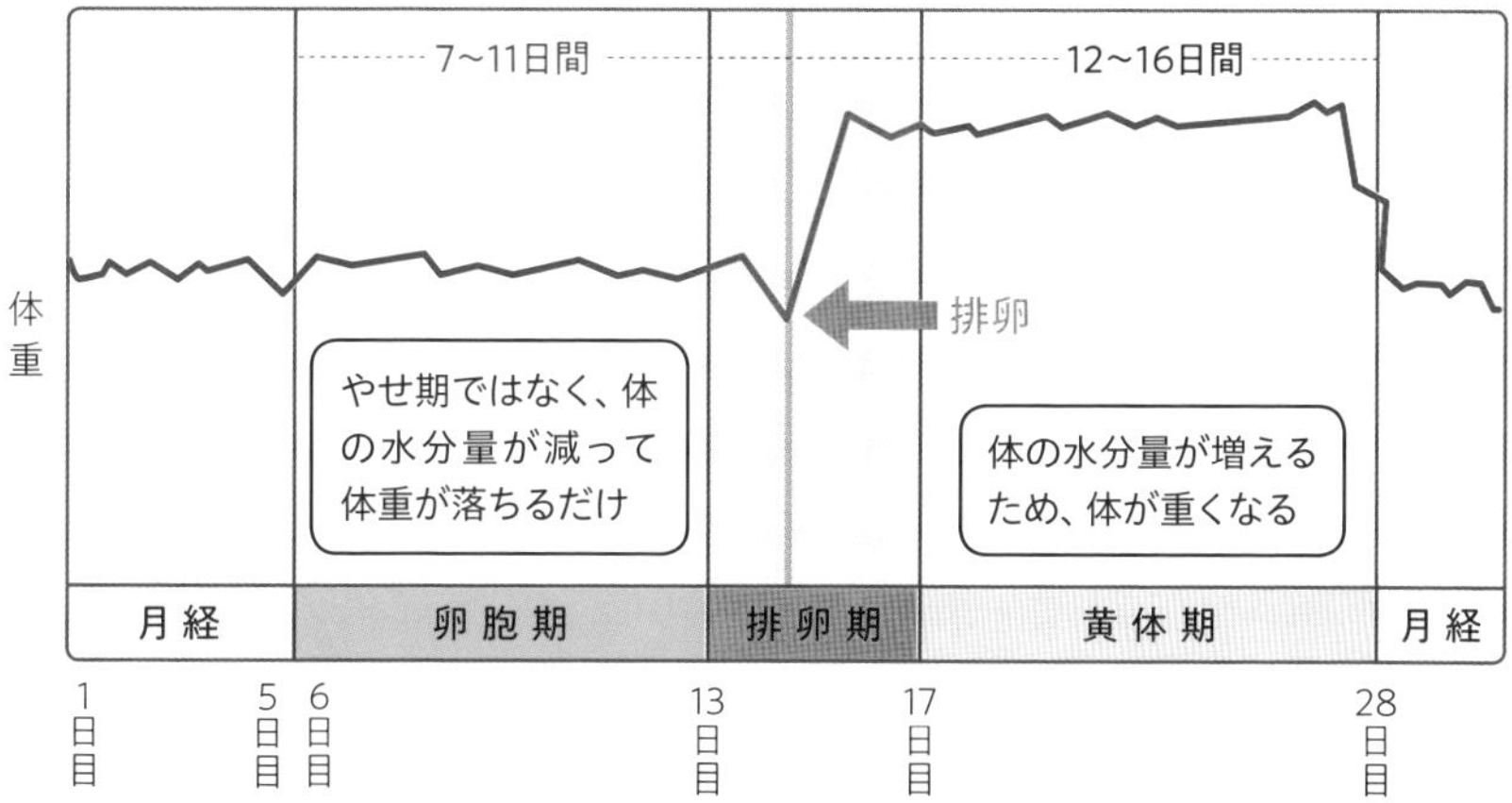
7〜11日間
12〜16日間
体重
排卵
やせ期ではなく、体の水分量が減って体重が落ちるだけ
体の水分量が増えるため、体が重くなる
月経
卵胞期
排卵期
黄体期
月経
1日目
5日目
6日目
13日目
17日目
28日目

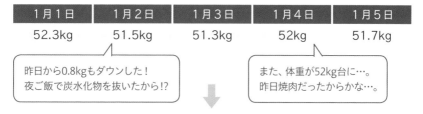

じゃあ体の水分量を減らせばOKなの？

水分は、血液、細胞間質液《さいぼうかんしつえき》などとして体のなかに存在します。

そして、水分量のコントロールは自律神経が行うため、**自分の意思でコントロールすることはできません。**水分を控えると喉が渇き、自然に水分を補おうとします。

例えば、塩分が多い、つまり濃い味のものを食べると、体液の濃度が濃くなります。それを薄めるために、水分量が増えます。水分量が増えるとは、「水を飲んでいるのにおしっこの回数が減る」といえばわかりやすいかもしれません。

また、**糖質をとったときも塩分が多いときと同様に、体内の水分量が増加します。**ラーメンなどの味の濃いものを食べたあと、食べたラーメンの量より体重が増えているのは、いきなり脂肪がついたからではなく、塩分と糖質によって体液の濃度が濃くなり、体に水分が蓄えられたからです。

近年、「やせる!」と話題の糖質オフダイエットをすると、はじめに3～4kgどっと体重が落ちます。これは、糖質制限によって脂肪がエネルギーに変わったのではなく、水分が抜けて体重が落ちただけ。そのため、糖質制限で一時的にやせたとしても、従来の食生活に戻すと、体重は元に戻ってしまいます。かといって、一生、糖質制限を続けるのは難しいですよね。

そのほかにも、体の水分量が変化する要因としては、発汗、寝不足によるむくみ、ストレス、生理などがあげられます。特に生理前はホルモンの働きで水分を多く溜め込みます。だから、生理前に１ｋｇ程度体重が増えるのは普通のこと。逆に生理後は「やせ期」といって、やせやすい時期なのでダイエットをするベストタイミング！　などという話を聞きますが、単に生理前のむくみが取れるというだけで、それほど意味はありません。

ダイエットを一生懸命している人は、「これだけ食べたから太ってしまった」「減ったのは運動をしたからだ」というように、自分が直前に行った行動と体重を結びつけてしまいがち。そんなときに、「食事も運動もちゃんとしたのに、体重が増えている」ようなことが起きると、メンタルがやられてしまいますし、そういった人は実際とても多くいます。

ちょっとの変化はよくあることと受け止め、長期的に体にいいことを積み重ねていくのが大事です。

まとめ

毎日の体重の変化に、一喜一憂しないことが重要！

いちごとみかんで考えてみる

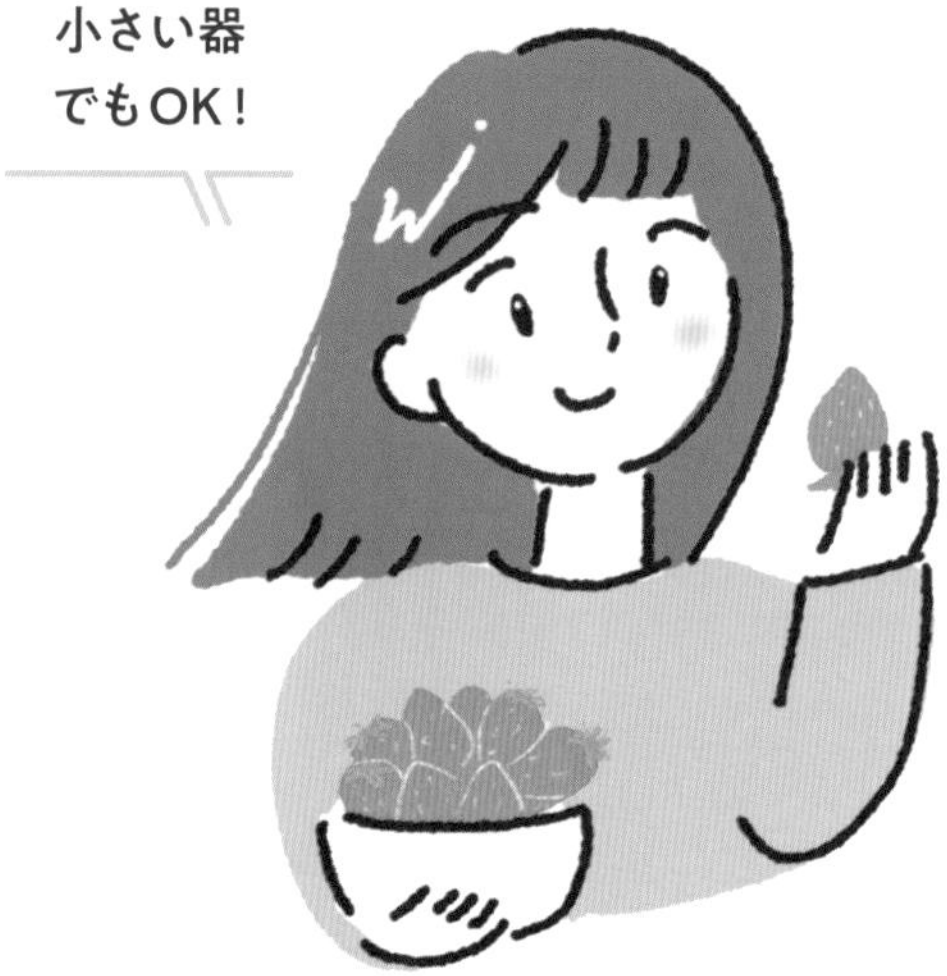
小さい器
でもOK！

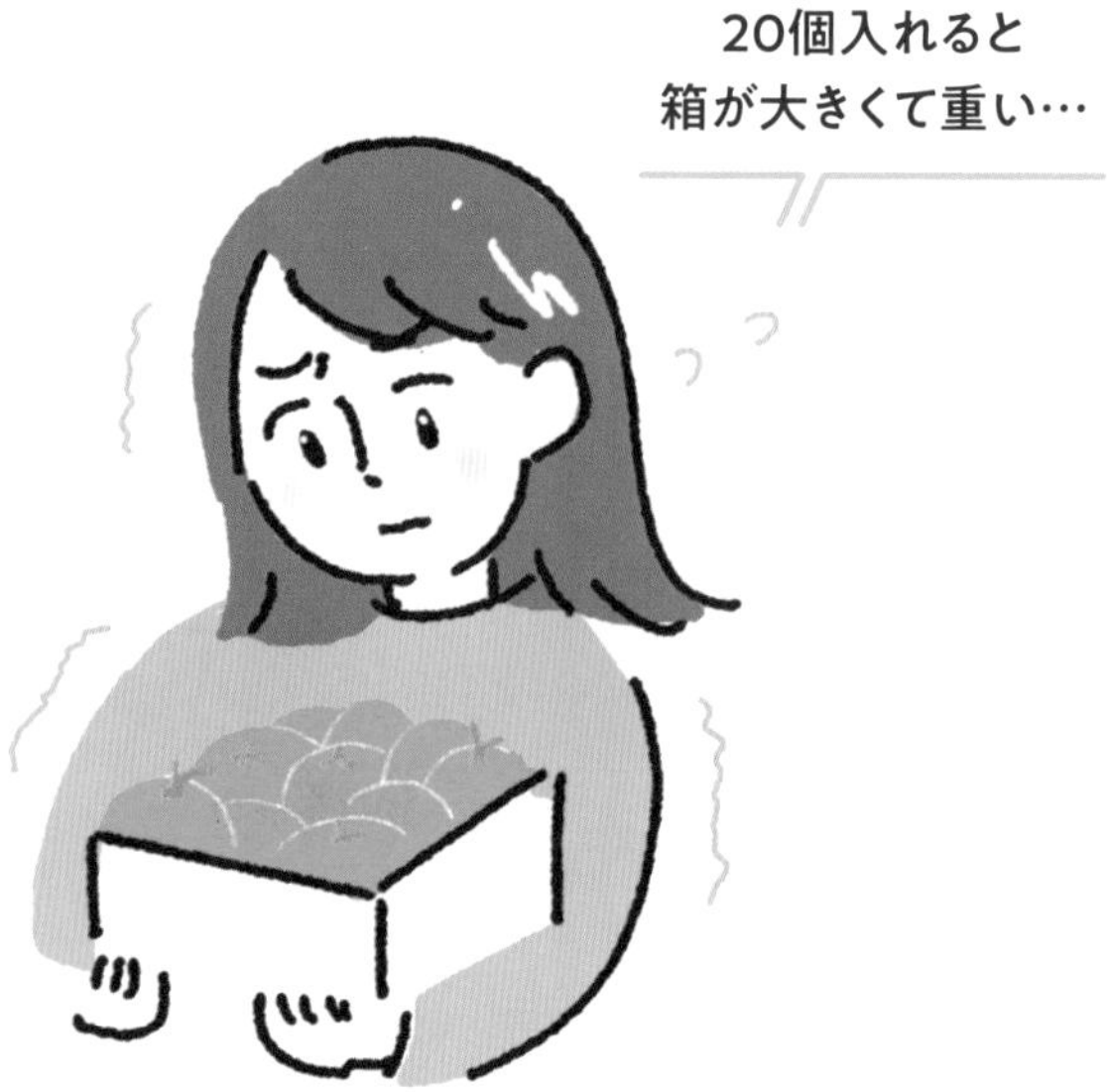
20個入れると
箱が大きくて重い…

「いちご10個とみかん10個」「いちご15個とみかん5個」。どちらも果物が20個という点は同じですが、袋に入れるとしたら、みかんが多いほうが大きな袋が必要になりますよね。

これが、筋肉と脂肪の関係。いちごが筋肉、みかんが脂肪、果物の数が体重だとすると、みかんが多いほうが大きな袋が必要なように、同じ体重でも脂肪が多いほうが体の体積が大きくなります。つまり、メリハリのない、太った体になってしまうということです。

ここで、筋肉をつけてメリハリのある体を作ろうとすると、「食事制限と筋トレ」を思い浮かべますよね。でも、筋トレと食事はいったん分けて考えてください。

- 体重が重いのを解決するのが、食事
- 体型のメリハリ、バランスを整えるのが筋トレ

体重が重くないのに、キレイに見えない人は運動機能が悪く、体重が重くてキレイに見えない人は、食生活が悪い。このように、この2つは別のものとして考えたうえで、必要な解決策をとるべきです。

では、あなたの問題は、どちらにあると思いますか？

まとめ

体型と体重は、アプローチが違う！

今あなたが抱えている体型の問題は？

「太っている」と一言でいっても、実際にはいろいろなタイプがあります。女性の場合は特に、本人が「太っている」と思っていても実際には太っていないことも多いです。

よくあるのが、次の3パターンです。

●シンプルに太っている人
●やせているけど、特定のパーツが太い人
●やせているけど、ぷよぷよしている人

明らかに太っている人は、食生活の改善から行うのがダイエット成功のカギです。PART3を参考に食生活の改善をはじめてみてください。なお、食生活の改善をする際は、一気にすべてを取り入れようとしなくてもOK。自分にできることからスタートし、少しずつ「体によい食生活」に慣れていくようにしましょう。

お腹だけぽっこりしている、前ももだけ太いなど体型のバランスが悪くてキレイに見えない人は、姿勢に問題があります。まずは体の使い方のバランスを整えることからはじめましょう。PART2で紹介しているストレッチを日々の生活スタイルに組み込んでみてください。簡単にできるものばかりですが、背骨とそれに付随して動く肩甲骨、そして股関節の動きが改善することで、体の使い方のバランスがキレイになります。

やせているにもかかわらず、体がぷよぷよしている人は、筋肉量が少なすぎて体脂肪率が高いので、体の使い方のバランスを整えたうえで、しっかり筋肉量を増やすために筋トレを行うことが重要です。PART2やPART4で紹介している筋トレをやってみましょう。

まとめ

体型の問題点が違う＝改善すべきポイントも異なる！

【 あなたはどのタイプ？ 】

キレイにやせるために大切なのは「正す順番」

ダイエットをしている人は、体重が減りさえすれば、キレイになれると信じています。しかし、問題はそれだけではありません。単にやせたところで、姿勢が悪いとキレイな体にはならないのです。ですから、まずは自分の「姿勢」を認識することが重要です。

太っているかやせているかといった、体型の問題にかかわらず、現代人は姿勢が悪い人が多いです。姿勢が悪いと、体をバランスよく使えません。結果として、例えば、前ももばかり使ってしまうクセがある人は、前ももばかりが発達してしまいます。こういう人が姿勢を正す前に筋トレをはじめると、その前ももを使うクセによって、コンプレックスである前ももがもっと発達してしまうのです。これでは、いつまでたってもキレイな体を作ることができませんよね。

体の使い方のバランスは、ストレッチで正すことができます。まずは、ＰＡＲＴ２やＰＡＲＴ４で紹介しているストレッチをやってみましょう。姿勢が崩れている人は、こ

まとめ

体の使い方のバランスを改善するのが、なによりも先決！

【美しい体を作る3ステップ】

1. 姿勢の問題を認識する
2. 体の使い方のバランスを正して、姿勢を改善する
3. 筋トレで筋肉量を増やす

⇒ 結果、メリハリのある美しい体に！

ストレッチができるようになってから、筋トレを行うというステップがとても重要！　ここをないがしろにすると、いらないところに筋肉がつきます。

のストレッチもはじめはうまくできないことが多いですが、ストレッチは、続けているうちにどんどんラクになっていくはず。それが、体の使い方のバランスが整った証拠です。次第に、肩こりや腰痛が解消される場合もあります。

ストレッチで体の使い方のバランスが整ったら、次に筋トレに挑戦してみましょう。姿勢が整ったうえで筋トレを実践していくことで、メリハリのあるキレイな体を手に入れることができます。

そもそも太っているのは セットポイントが壊れているせい

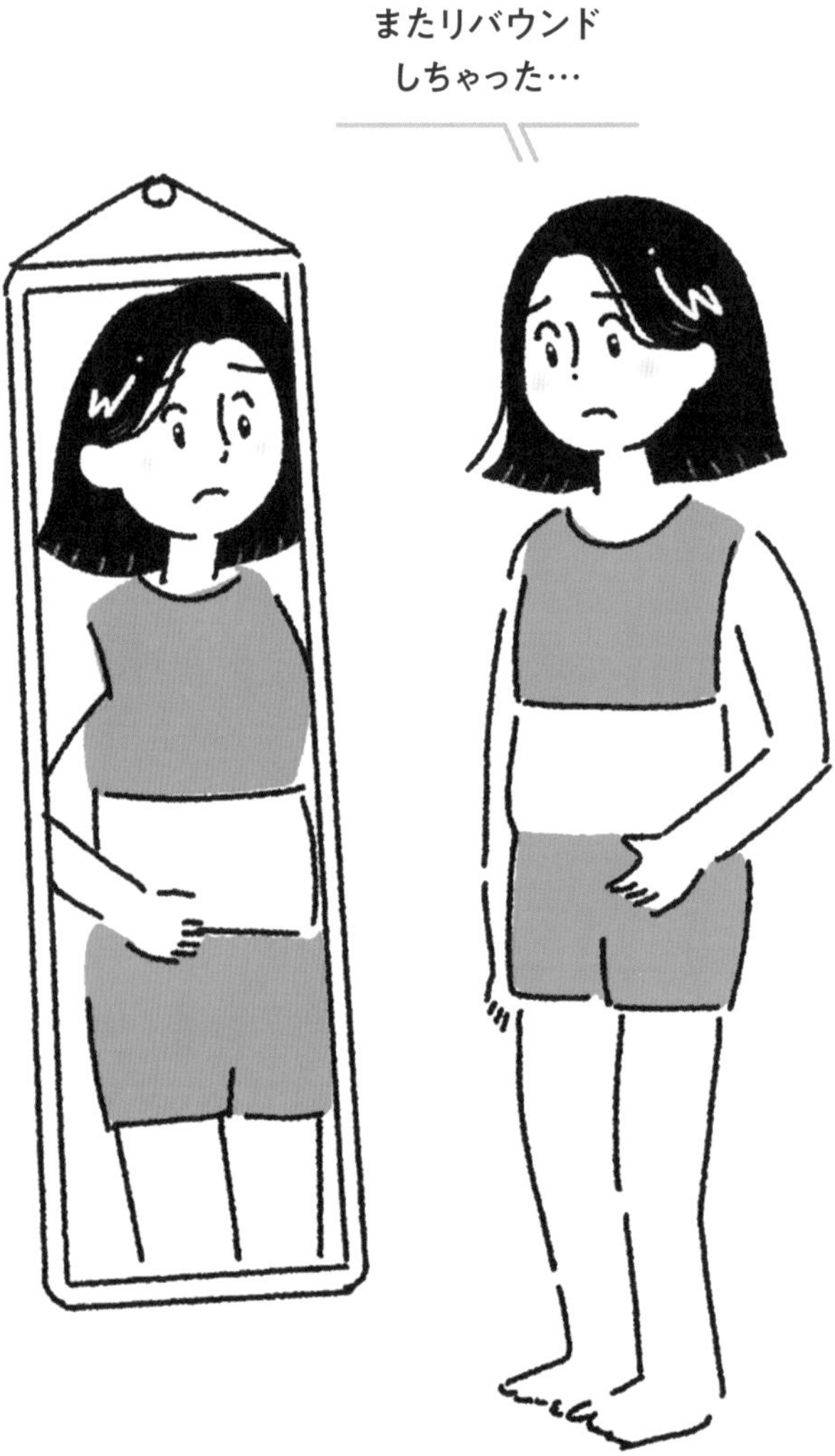
またリバウンド
しちゃった…

すでに1度解説しましたが、基本的に人間は、一定の体重をキープするようにできています。これを「セットポイント」といいましたね。ちょっと食べたくらいですぐ太ったり、1食抜いたくらいですぐやせたりしてしまうようでは、厳しい狩猟時代では、生き残ることはできなかったでしょう。それではなぜ、私たちは「太る」ようになってしまったのでしょうか。それは体重の「セットポイント（設定値）」が壊れているせいです。

体重のセットポイントは脳がコントロールしています。しかし、運動不足、乱れた食生活、睡眠不足、ストレスなどによって正常に働かなくなり、体重が重い状態で固定されてしまうのです。ダイエットしてもすぐにリバウンドしてしまうのは、このセットポイントを無視して無理やり摂取カロリーを減らしたため。逆に、きちんと機能していれば、体が求めているもの以上の量を無理やり食べても、一時的には太りますが、その期間が終わるとセットポイントに合わせて自然に食事量も減り、やせていきます。なので、ダイエットするにはまず、この「セットポイント」を正すことが重要です。セットポイントを正せば、自分にとって最適な体重を自然とキープできるようになります。

まとめ

ダイエットとは、体重を一定に保つ機能を取り戻すこと！

基礎代謝を上げても体重は減らない!?

筋トレをして筋肉が増えると、代謝が上がってやせやすくなると思っている人は多くいます。でもはっきりいって、それは大きな勘違い。基礎代謝が増えるということは、体を維持するために必要なエネルギーも増えるということです。つまり、**消費するエネルギーが増える分、食欲が増えてしまう**のです。逆に代謝が低くなると、食欲がわかなくなり、食べる量も少なくなります。

太ってしまうのは代謝の高い低いにかかわらず、代謝と食欲が正しく連動しないからです。繰り返しになりますが、人間の体はセットポイントに合わせて、自動的に一定の体重を保つ仕組みが備わっています。そして、太ってしまうのは、このセットポイントが乱れているせいです。セットポイントが狂っていると、体が「太っていること」をうまく認識できず、余計な脂肪を溜め込むようなことをします。つまり、代謝以上に食べてしまったりするわけです。セットポイントを改善するためには、よい食事とたっぷりの睡眠、ある程度の運動が必要です。運動はウォーキングなどの有酸素運動でも、筋トレなどの無酸素運動でもOK。**筋肉が収縮する動き自体が、セットポイントの改善に役立つ**のです。

筋トレしても体重が減らないなら、やらない！　という人も出てきそうですが、筋トレはメリハリのある体を作る「見た目やせ」に重要。また、代謝が上がってやせるわけではないですが、セットポイントを整え代謝と食欲のミスマッチを防ぎ、結果的にやせるという効果は見込まれます。

まとめ

セットポイントが改善されれば自然にやせる！

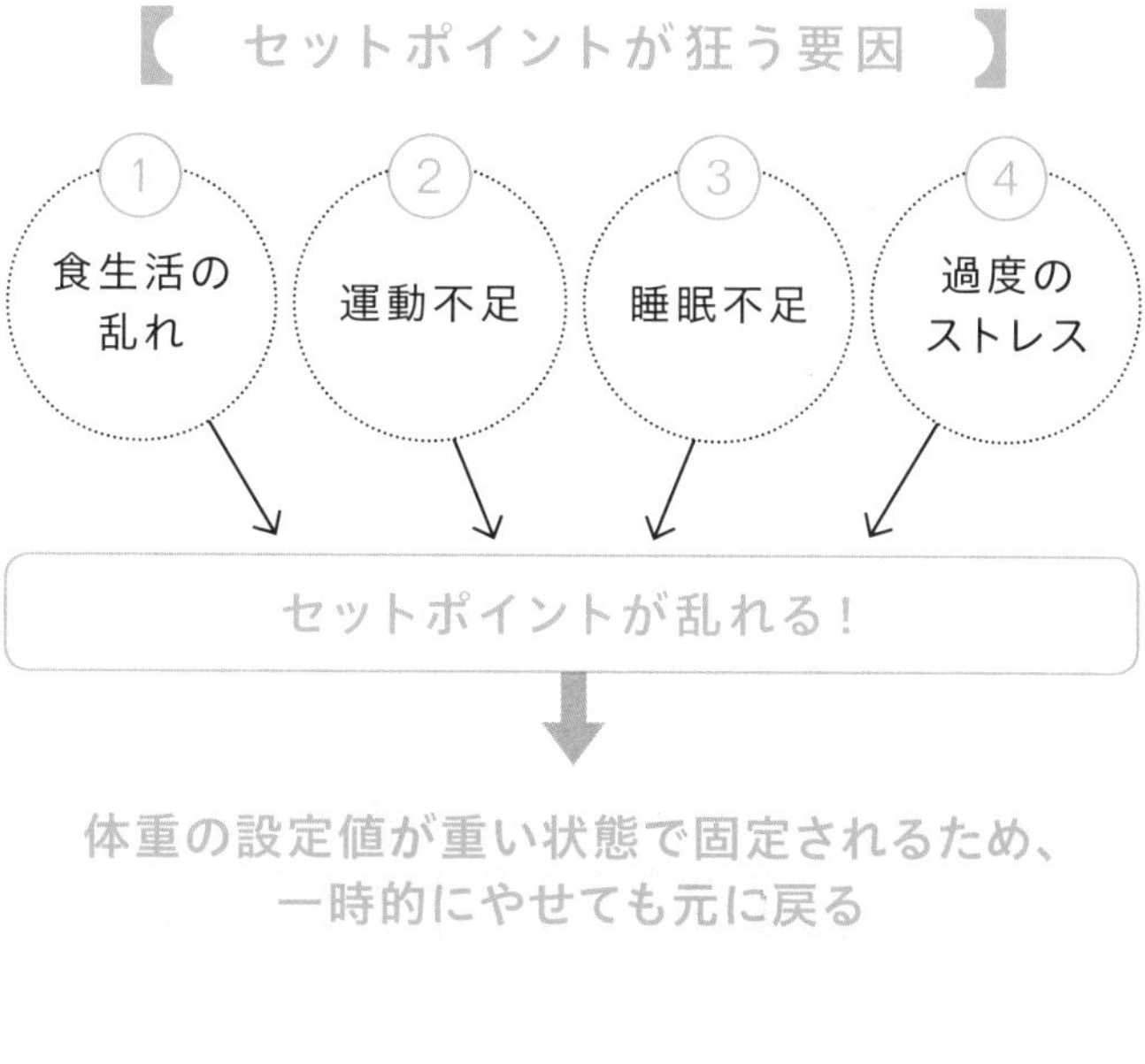
【セットポイントが狂う要因】
1 食生活の乱れ
2 運動不足
3 睡眠不足
4 過度のストレス
セットポイントが乱れる！
体重の設定値が重い状態で固定されるため、
一時的にやせても元に戻る

キレイな体を作る「肩甲骨」と「股関節」

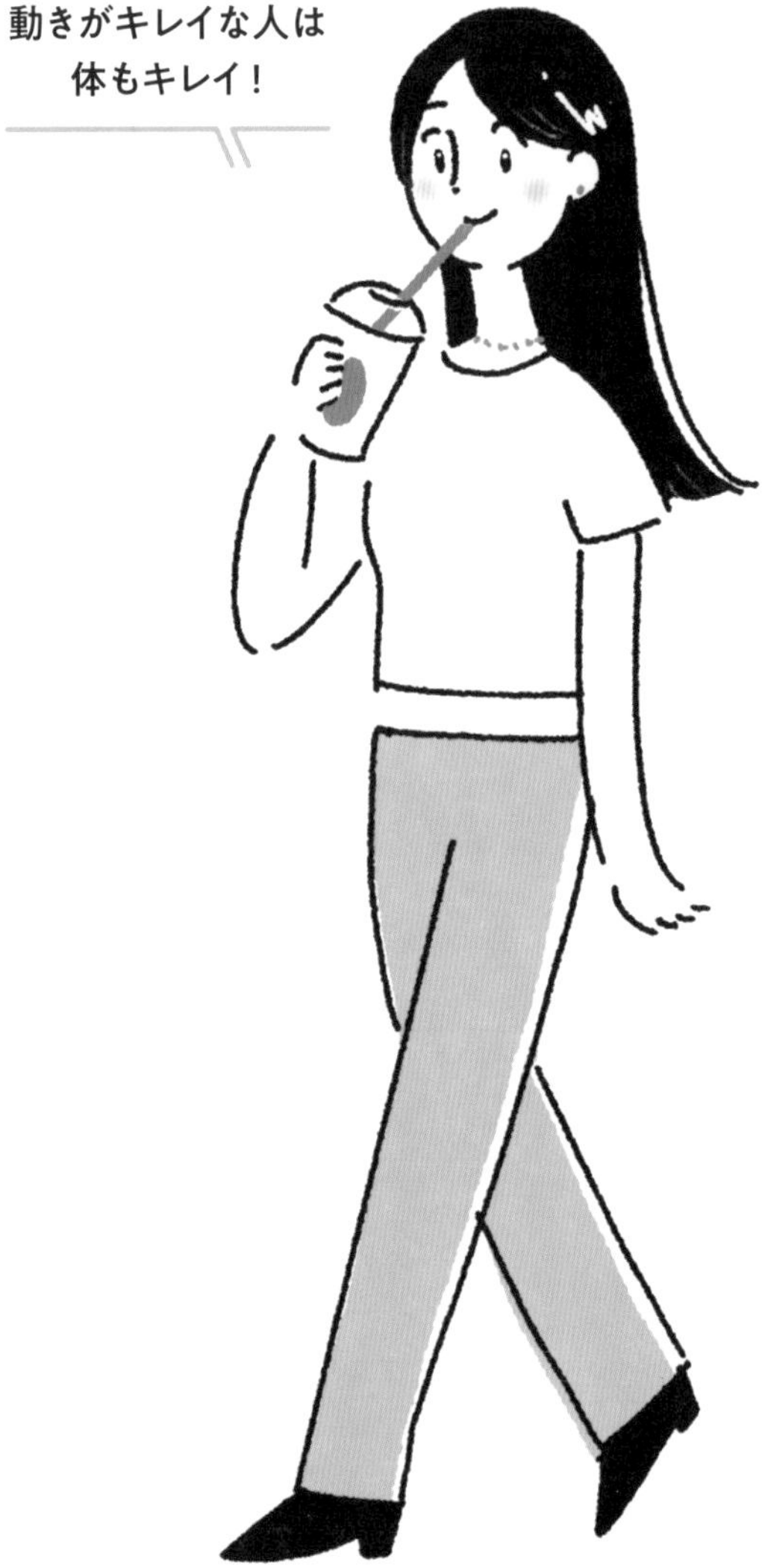
動きがキレイな人は
体もキレイ！

体の使い方のバランスを整えるには、ストレッチと同じくらい「日常動作を正しく行えるようにすること」が重要です。実は、人間が日常で使う動作は、いくつかの基本的な動作とその応用にすぎません。

①座る&立ち上がる　②歩く　③階段をのぼる&おりる
④起き上がる　⑤高い所にある物を取る　⑥荷物をもつ

この6種の動きをキレイに行うことができれば、動きに違和感がない＝美しい動きをしていると考えることができるのです。なお、これらの動作をキレイにするためには、肩甲骨と股関節、そしてそれらを繋ぐ背骨がきちんと動くことがとても重要になってきます。本書のストレッチや筋トレもこの部分を大切にしています。

例えば肩甲骨が外に広がっていたり、前に傾いた状態で定着していたりすると、いわゆる「巻き肩」や「猫背」に。こういう人は、腕を上げるときに肩をすくめたり、腰を反らしたりしがち。腕を上げるときは、肩甲骨と肩関節が連動して動きますが、背中が丸まっていて、肩甲骨が正常に動かないと、その分をほかの関節が補おうとします。この状態が続くと、負担がかかった肩関節や腰を痛めてしまうことも…。まずは肩甲骨周りの筋肉をしっかりとほぐしていくことからはじめましょう。

股関節がうまく使えない人は、脚の前側や外側の筋肉に頼りがちなので、結果として、ほかの関節がねじれて膝の痛みやO脚などの原因に。また、骨盤が立たなくて寝ている人は、たれ尻やぽっこりお腹になりやすいです。これらは、長時間同じ姿勢を続けたせい。つまり、デスクワークの人たちはこの傾向が強いです。できれば30分に1度、少なくとも1時間に1度は意識的に立ち上がり、PART2やPART4のストレッチをすることで予防していきましょう。なお、PART2で紹介している筋トレは、日常動作を正しく行えるようにするための動きが入っています。ぜひ実践してみてください。

- 座る&立ち上がる＝BOXスクワット（P74）
- 歩く＝片脚ヒップヒンジ（P76）
- 階段をのぼる&おりる＝片脚ヒップヒンジ（P76）
- 起き上がる＝うつ伏せの状態から↓膝つきプッシュアップ（P66）
- 起き上がる＝あおむけの状態から↓リバースプッシュアップ（P68）
- 高い所にあるものを取る＝アームレイズ（P70）
- 荷物をもつ＝リバースプッシュアップ（P68）・ローイング（P72）

まとめ

動作美人＝肩甲骨と股関節がきちんと動く人

【 悪い姿勢は見た目も悪い 】

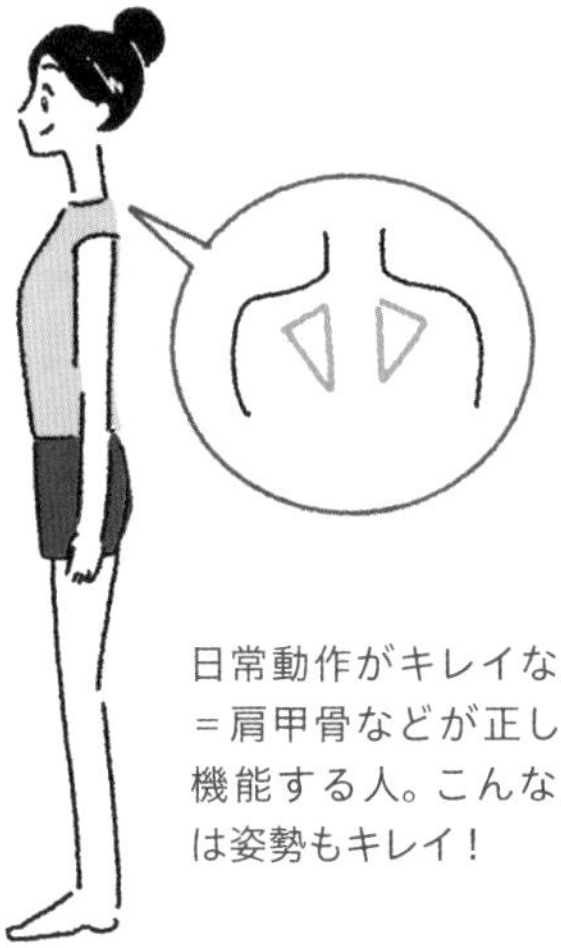

日常動作がキレイな人＝肩甲骨などが正しく機能する人。こんな人は姿勢もキレイ！

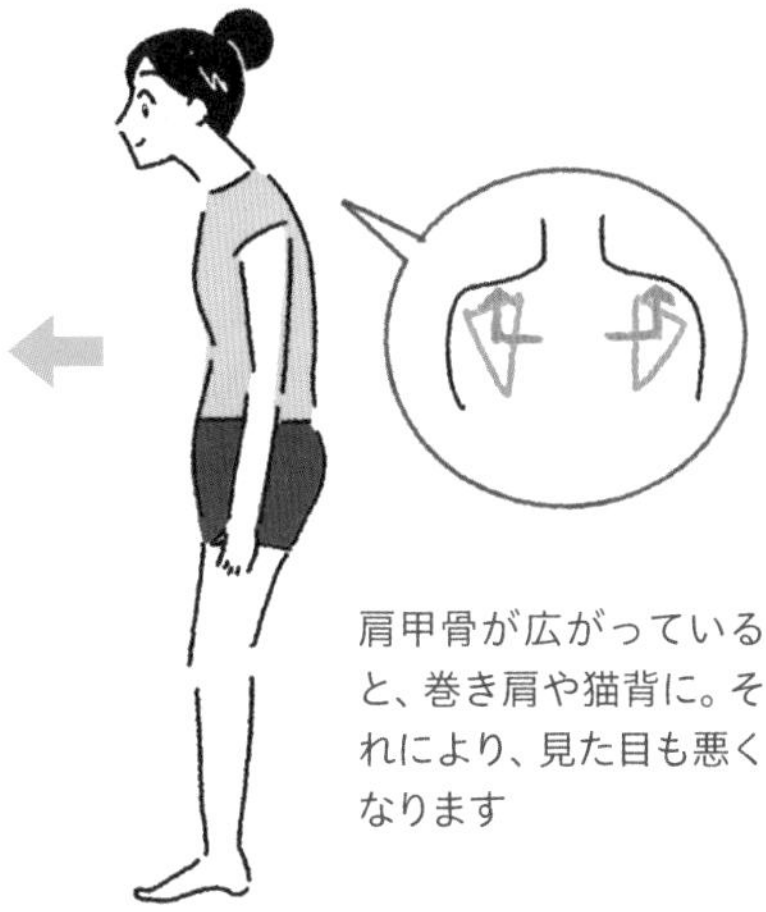

肩甲骨が広がっていると、巻き肩や猫背に。それにより、見た目も悪くなります

【 長時間のデスクワークに要注意！ 】

長時間のデスクワークは、女性が悩みがちなたれ尻やぽっこりお腹の原因になります。意識的に立ち上がってストレッチをすることで改善していきましょう

〝ダイエットの裏技探し〟は最も遠回りな方法

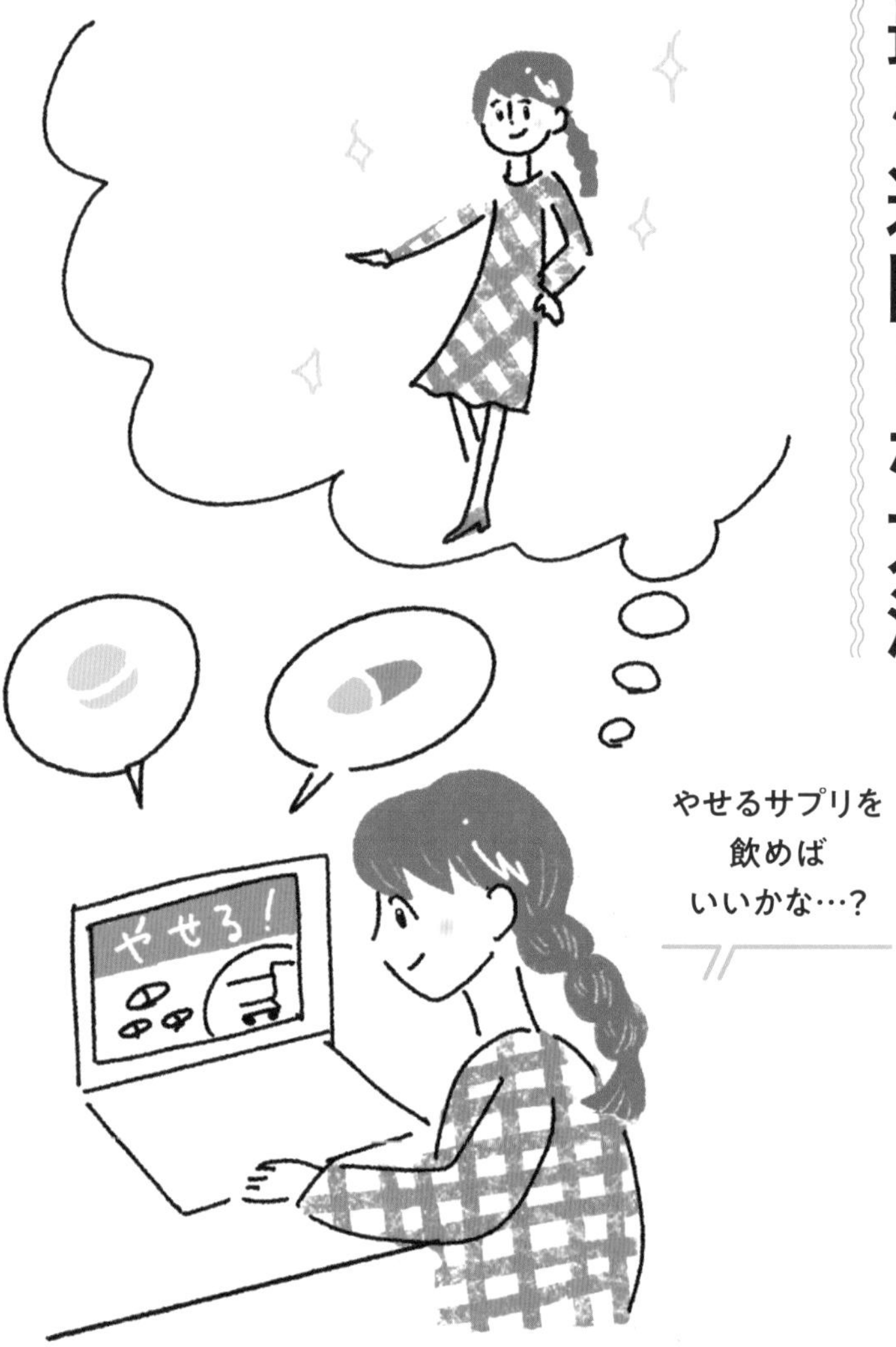
やせる！
やせるサプリを飲めばいいかな…？

「これさえやれば短期間でやせる！」というダイエット情報は常に溢れています。でも、ダイエットに「裏技」は存在しません。食事を改善する、睡眠をとる、適度な運動をする。こういう地道なことが、実は一番の近道なのです。

例えば糖質制限はたしかにはじめの何日かで、あっという間に体重が減ります。でも、この状態はＰ24でもご紹介したように、ただ水分量が減っているだけ。やせたわけではないので、あっという間に戻ります。リバウンドだと思う人もいますが、まだリバウンドの域にすら達していません。減った水分が元に戻っただけなので、なにもなかったのと同じです。

裏技を探している人ほど、新しいダイエット法に何度も飛びつきます。やせるにはやせるけど、結局続けられない特殊なやり方なので、すぐ元に戻ってしまうのです。

根本的に、人間は習慣の生き物。普段行っていることの集大成が、今の自分です。自分の生活習慣をちゃんと正して、それをずっと続けていく。むしろ、自分のなかで当たり前のことにしていくのが大切なのです。

まとめ

規則正しい生活が、ダイエット成功への鍵

体重を測るよりも、見た目を気にしよう!

ダイエットをはじめると、はじめのうちは比較的早いペースで体重が落ちることがあります。基本的に太っている人ほど早いペースで体重が減っていき、やせてくると次第に体重が落ちるペースは遅くなります。これは、基本的なことですが、意外に見落としがちなポイントです。

体重の減りがゆっくりになったときに、焦って食事を抜いたり、運動量をさらに増やしたりなどすると「ダイエットの沼」にハマっていってしまうので注意してください。

ダイエットによって、ある程度やせてきている人ほど、体脂肪が減ることによる体重の変化が少なくなるので、その結果、水分量などの日々の小さな変化がかえって目につきやすくなります。そのため、一定の段階まできたら体重を測るのは、思い切ってやめてしまったほうがうまくいくケースも多いです。

もちろん、まだダイエット半ばの太っている人でも「体重を測ると逆にストレスが溜まる」という人は多いので、必ずしも測る必要はありません。お腹の脂肪をつまんだ感触や鏡で見た目の変化をチェックしていれば、ダイエットがいい方向に進んでいるかどうかは十分わかります。体重というのはあくまでひとつの指標にすぎず、あなたの最終的な目標は、見た目をよくすることだと認識しておきましょう。

PART 2

週2回・たった3種目の筋トレと簡単なストレッチで一生太らない体に

本章で紹介するのは、ひとつの動きが全身に効く
『コストパフォーマンス大』な動きばかりです。
だから、たった週2回・3種目の筋トレと簡単なストレッチだけでOK。
さっそくあなたの見た目をよくするための
運動をしていきましょう！

自分史上最高の見た目になるための

運動を始めよう！

あなたが一生キレイでいるために必要なのは、糖質制限でも激しい筋トレでもありません。まずやるべきことは、高い（重い）位置で固定しているセットポイントの状態を、元に戻すこと。

そのためには、食生活を中心とした生活習慣の改善が必要です。しかし、生活習慣を改善しただけでは、見た目やせの実現やメリハリのある体を手に入れることはできません。姿勢や動き方を改善しつつ、それを強化する必要があるのです。

では、そのためには、どんな運動が必要だと思いますか？

激しい運動をたくさんやらないといけないかも……と不安になりましたか？

ですが、そんなことはありません！

必要なのは、**全身を動かす動きを取り入れた6種目の筋トレだけ。**

しかも、**1日にやるのは3種目のみ。**たった、それだけでOKです。

これを週2～3回程度取り入れましょう。ただし、必ず6種目のストレッチをしてから筋トレを行ってください。ストレッチ6種目と筋トレ3種目に要する時間は15分程度です。

運動不足の人にとっては、これだけでもそれなりの運動になるので、セットポイントの改善にも役立ちます。

これだけで、一生体型がキープできるなら、続けられそうな気がしてきませんか？

トレーニングのSTEP!

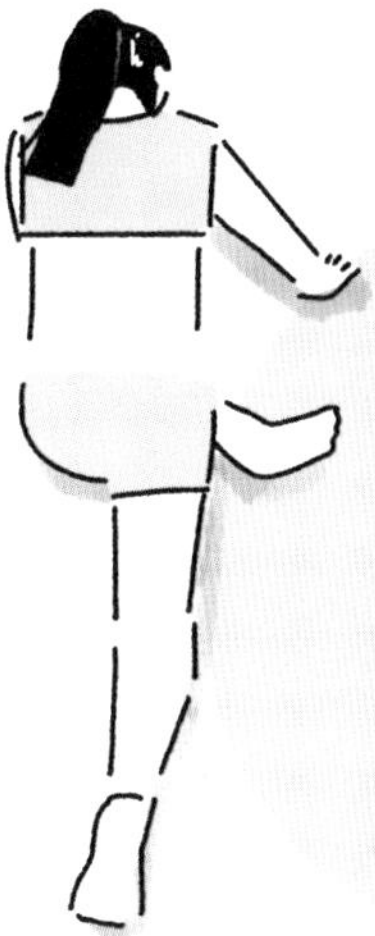

1 ストレッチ

紹介するストレッチは、背骨を動かすストレッチ5種類、そして股関節を動かすストレッチが1種類。背骨は肩甲骨と股関節を繋ぐという重要な役割をもっています。そのため、背骨をきちんと伸ばしたり、丸めたりできるようになると、肩甲骨と股関節が正しく動くようになり、その結果体の使い方のバランスがよくなります。筋トレをしない日も、1種目だけでもいいのでやれるとベストです！

2 筋トレ

PART 2で紹介する筋トレは、大きく分けると肩甲骨(上半身）と股関節(下半身）を動かすトレーニングです。肩甲骨と股関節周りにある複数の筋肉を同時に鍛えられる、コストパフォーマンスのよいものばかりです。まずは、回数よりも正しい動きができるように意識しましょう。

プラスアルファのストレッチと筋トレもやってみよう！

PART2では、最低限のストレッチと筋トレを紹介していますが、うまく体が動かせてない気がする……という人は、PART4のストレッチや筋トレを先にやってみてください。それぞれの筋トレの動きを正確に実践するための、より初歩的な動きをまとめています。

常に呼吸を意識しよう！

ストレッチ中も筋トレ中も呼吸を止めないことがとても重要です。息を吐くという行為には、体をリラックスさせる効果があります。そのため、息を正しく吐き切ることができないと、ストレッチやトレーニングをしている最中に余計な力が入ってしまい、目的の部位にしっかりと効かせることができません。本書のトレーニングも、呼吸をし続けることが大前提ですが、特に気をつけたいところには解説を入れているのでチェックしてみてください。

正しい呼吸の方法は、肋骨がきちんと動いているかどうかで判断します。本来は、息を吐くときに肋骨がしぼんでいき、息を吸うときに肋骨がふくらみます。手をあてて動きを確認してみましょう。多くの人は肋骨が固まった状態のまま固定されていると思います。その状態では息がうまく吸えないため、腰を反らして息を吸うクセがついてしまっている人も多いです。このクセがついたままだと、常に呼吸が浅い状態に……。また、うまく息を吸えない人は、息を吐くという行為ももちろんうまくできていません。そうすると肋骨が開いたままになるため、ウエストが太く見えてしまいます。さらには、生活面でも、イライラしがちになる、神経が高ぶって寝つきが悪いなどといった問題が出てきます。

このように正しい呼吸ができていないと、やせたい！　と思う女性にとっての悪影響がたくさんあります。正しい呼吸の練習はいつ行ってもかまいません。通勤中やデスクワーク中など、いつでもどこでも意識してやってみましょう。

正しい呼吸ができているかCHECK!

吸うとき……

- □ 鼻から吸うのがポイント！
- □ 胸もゆるやかにふくらむようにする
- □ 吸うときに背中
  腰が反らないようにする
- □ 手を肋骨にあてて、ふくらむのを感じる
- □ 胸もゆるやかにふくらむようにする
- □ お腹の横や腰あたりも含めて、
  お腹が全体的にふくらむか
  チェック！

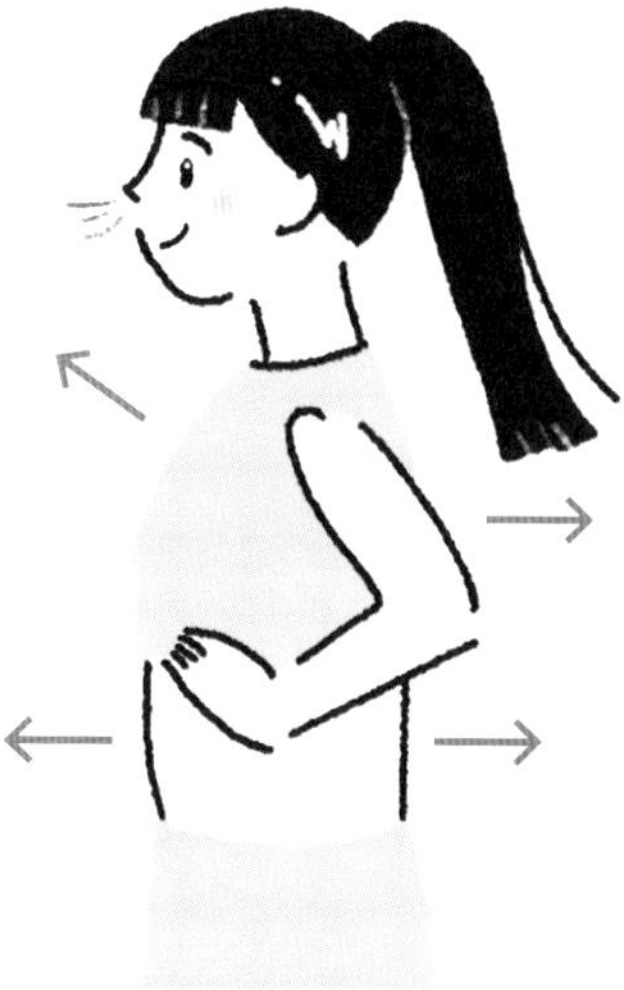

吐くとき……

- □ 長く息を吐き切る
- □ 手を肋骨にあてて、自然と
  しぼんでいくのを感じる
- □ 吐くときにお腹が
  へこんでいくようにする
- □ お腹がグッと力まない
  ようにする（力は抜く）
- □ 吐くときは口からでも
  鼻からでもOK！

体のガチガチ度をチェック してみよう！

手

1. 手をパーにして、指がきちんと後ろに反れるかをチェック！
2. 手をパーにして親指の開き具合をチェック！

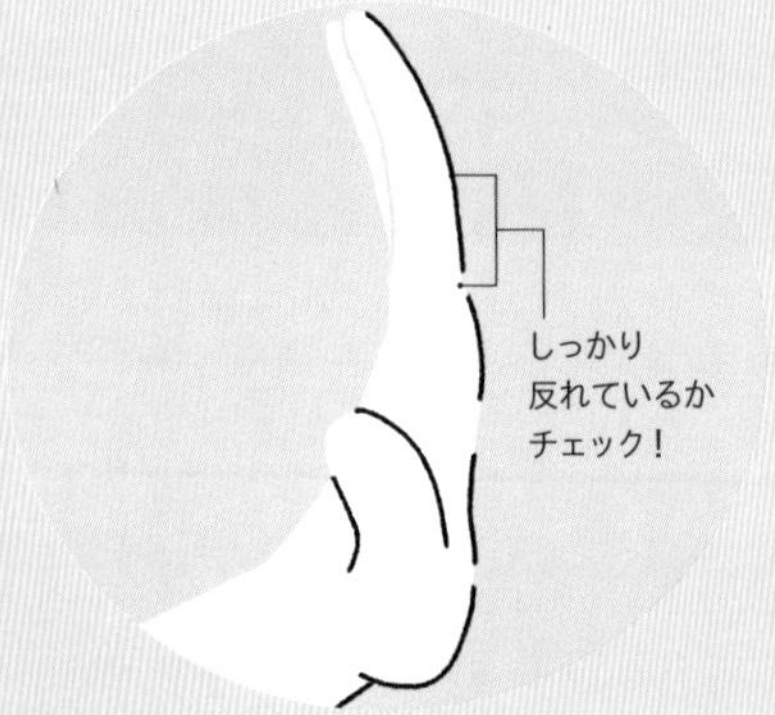
しっかり
反れているか
チェック！

1

指を思いっきり開いてパーの形を作り、各指がきちんと反れているか確認。特に、指の付け根や第二関節がしっかり反れるかどうかをチェックしよう。難しい人は反対の手を使って、指を後ろに反らす時間を日常に取り入れてみてください。

2

1と同様にパーの形を作り、親指がしっかり真横に開くかをチェック。この際に、親指が前に出てしまうのはNG。しっかり、親指の付け根から真横に開けるよう練習してみてください。

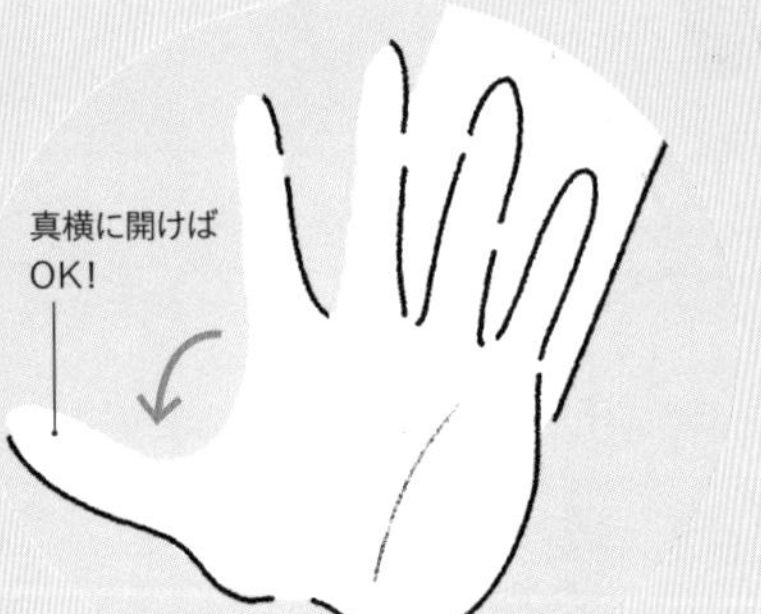
真横に開けば
OK！

まずは、自分の体のガチガチ度具合をチェックしてみましょう！　あなたの体がきちんと動くような状態になっているかどうかは手と足で確認できます。これらの動きができない人は連鎖的に全身の動きも悪くなっている可能性が高いです。この動き自体がストレッチや体を動かす練習になるので、できない人は日常的に取り入れてみましょう。

足

1. 足の指がきちんとグーの形にできるかをチェック!

2. 足の指がきちんとパーの形にできるかをチェック!

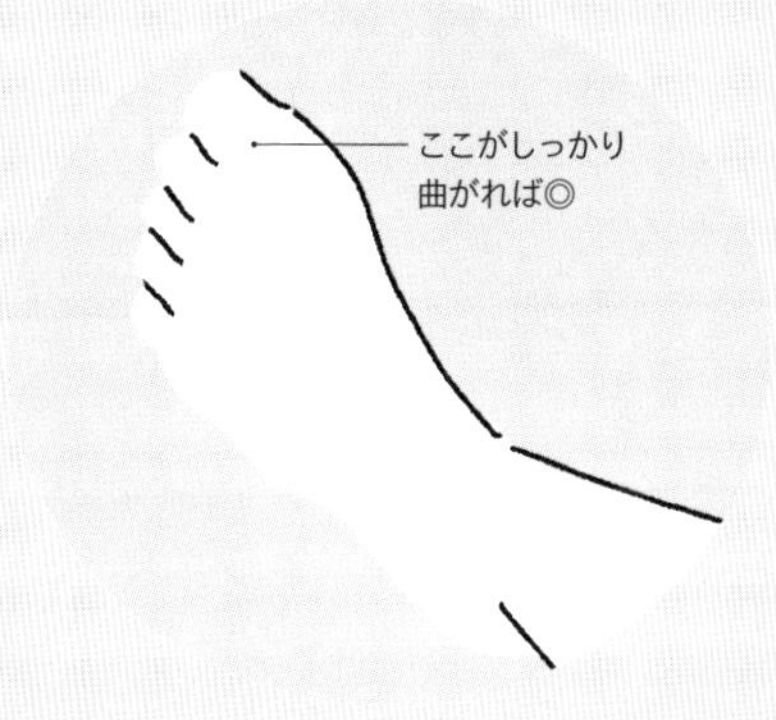
ここがしっかり
曲がれば◎

1

足の指をギュッとグーの形にしてみて、こぶし部分が見えればOK！　見えない人は足の裏の筋肉が働いてない証拠です。足裏全体をゴルフボールなどでマッサージしてあげましょう。

2

足の指をパーの形に開いたときに、それぞれの指の間隔がしっかり開くか確認しましょう。特に親指や小指がしっかり外側に開くかどうかが重要。難しい人は手を使って指が開くようにしてもOKです。

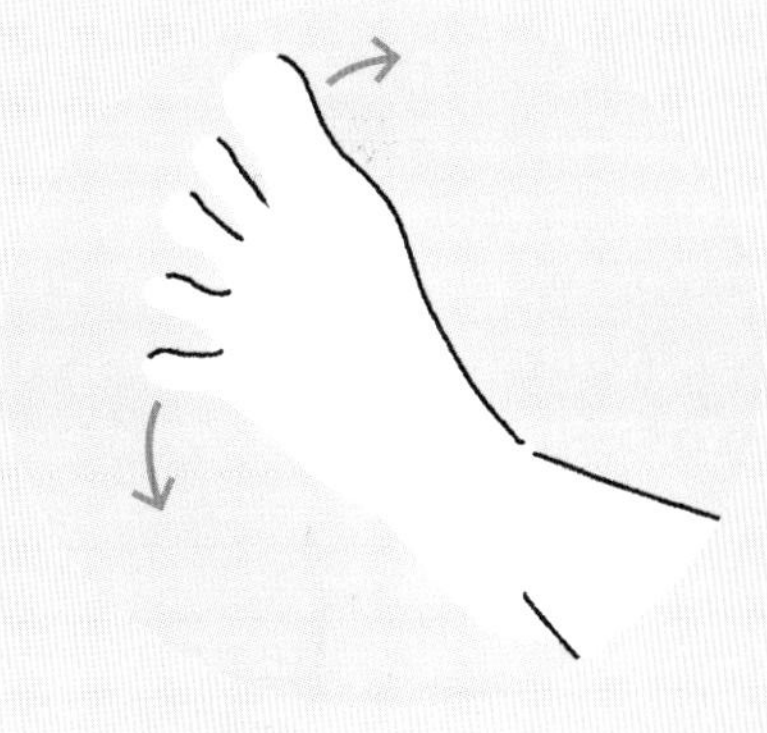

骨盤をコントロールしてみよう！

筋トレをしている際に注意したいのが骨盤の傾きです。骨盤は体の中心であることから、上半身の動きにも下半身の動きにも連動して影響を与えます。そのため、どんな運動も骨盤の動きが間違っていると、思ったような効果を出すことができません。

なお、骨盤のポジションには3種類あります。

❶骨盤が後傾しているポジション
❷骨盤が前傾しているポジション
❸ニュートラルな骨盤のポジション

これら、3つの骨盤の動かし方を自分でコントロールできるようになりましょう。特に骨盤のポジションが重要なトレーニングでは、骨盤をどのポジションにセットすべきかを記載してあります。よく意識してトレーニングを行ってください。姿勢がよくなる、内臓の位置が正しいポジションに収まることで、すっきりしたくびれを手に入れるなどの効果も期待できます。

NGな骨盤の姿勢

後傾のNG

股関節を伸ばしきれず（恥骨側が前につき出せない）、お腹を前につき出している状態。こうなると、腰も過剰に反ってしまいます。脚の付け根や前ももが硬い人がなりやすいです。

前傾のNG

股関節が曲がらず、代わりに腰が曲がってしまっている状態。お尻や裏ももが硬い人に多いです。

正しい骨盤の姿勢

骨盤の前傾

股関節が深く曲がり、股関節の裏側が伸ばされている状態。腰骨と太ももで下敷きを挟むイメージでやってみましょう。背骨はまっすぐな状態をキープするのが重要です。

前傾にするトレーニング

- BASICストレッチ⑤ ひねる（P62）
- BASICストレッチ⑥ 伸ばす（P64）
- BOXスクワット（P74）
- 片脚ヒップヒンジ（P76）
- 裏もも（P124）

骨盤の後傾

股関節を伸ばし切り、股関節の前側が伸びている状態。お腹やお尻に軽く力を入れるとキープしやすいです。恥骨側を前につき出すイメージを大切に。

後傾にするトレーニング

- 脚の付け根（P120）
- 前もも（P122）
- ヒップリフト（P136）

ニュートラルな骨盤

骨盤がまっすぐに立っている状態。腰が反りすぎず、お腹が丸まっていない状態が正しくできている証拠。腰骨と恥骨が一直線のラインになることをイメージしてやってみましょう。

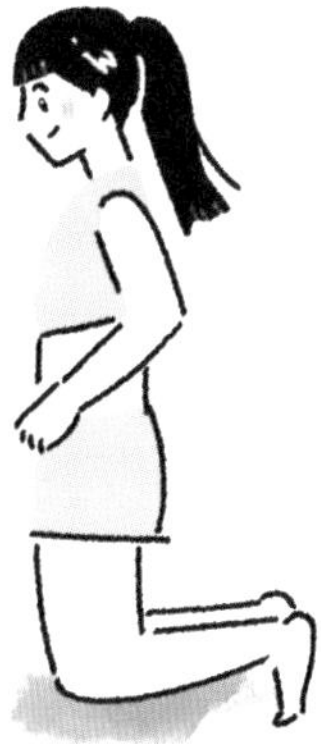

ストレッチは
6種類

筋トレは
2種×3パターン!

筋トレの WEEKLY PROGRAM

BASICストレッチ ①~⑥

▶P054~064

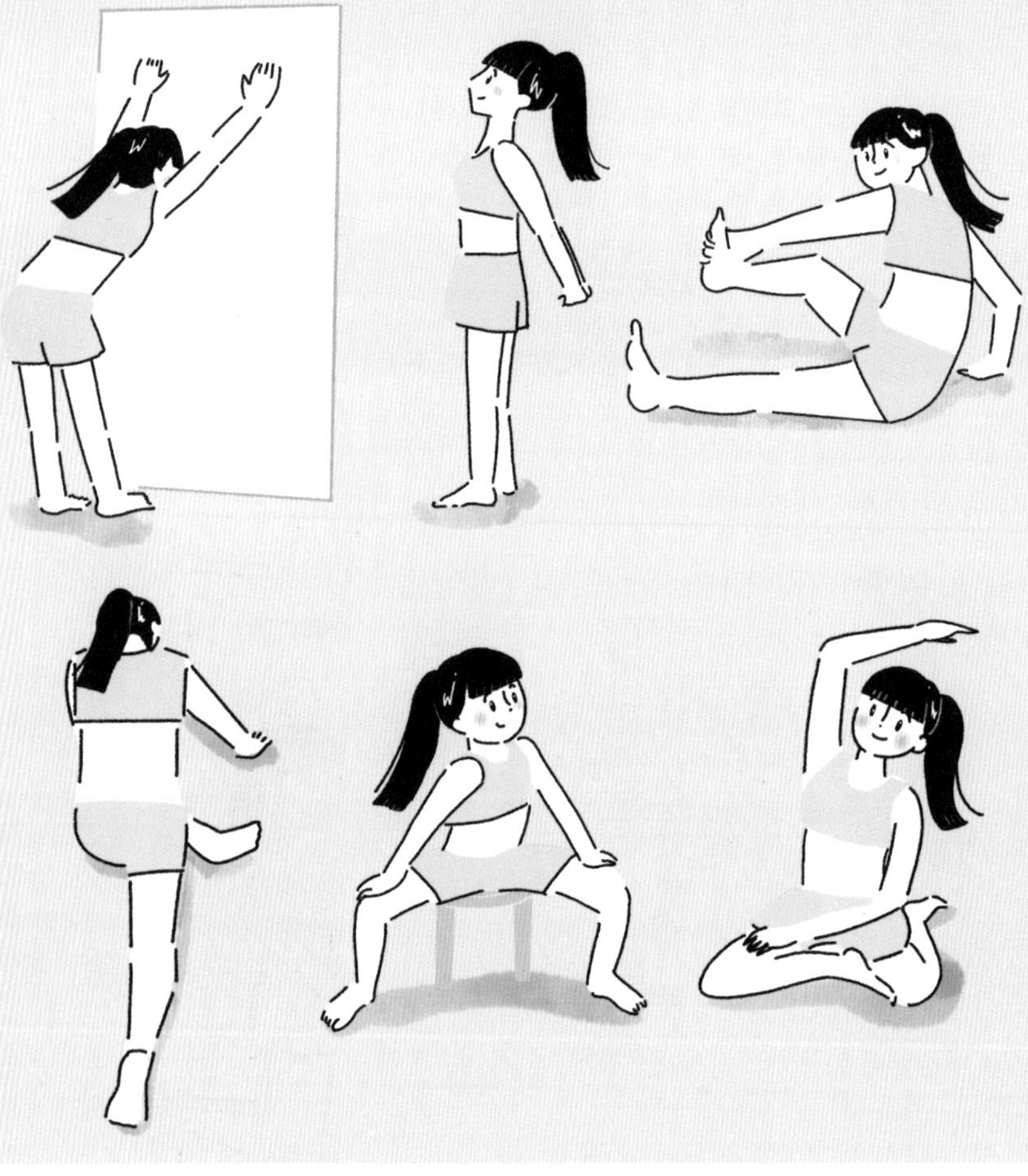

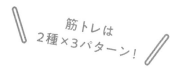

では、さっそく筋トレを実践していきましょう！　ABCの各グループにあるトレーニングからどちらか1つずつ選んで、計3種目の筋トレを週2～3回行ってください。さらに、筋トレをする前に6種目のストレッチを行うことで、よりスムーズに動けるので、合わせて行っていきましょう。ストレッチ6種目と筋トレ3種目に必要な時間は、15分程度。ストレッチは体の使い方のバランスを改善してくれるので、筋トレのタイミングにかかわらず、なるべく毎日、隙間時間に1種目だけでもいいので、こまめに行う習慣をつけましょう。

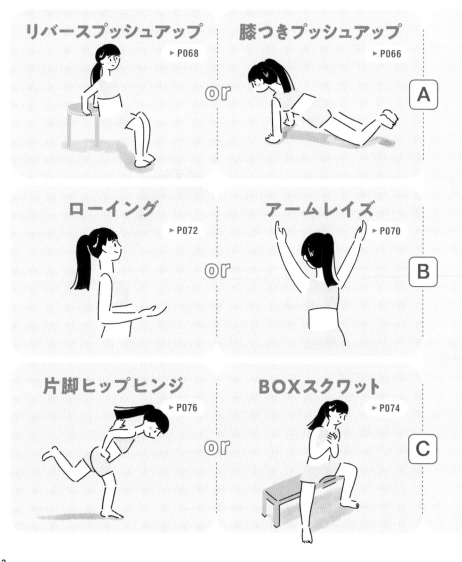

A

リバースプッシュアップ

▶P068

or

膝つきプッシュアップ

▶P066

B

ローイング

▶P072

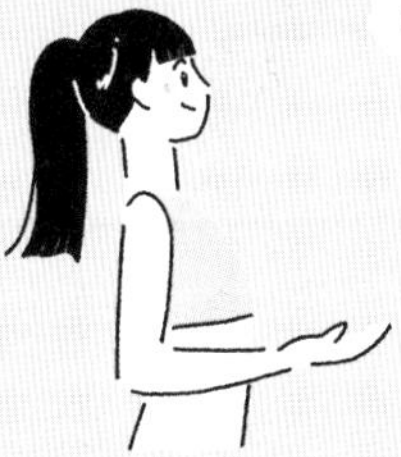

or

アームレイズ

▶P070

C

片脚ヒップヒンジ

▶P076

or

BOXスクワット

▶P074

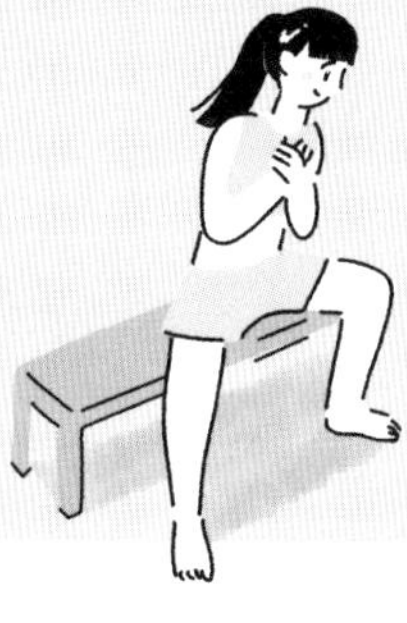

WEEKLY PROGRAM A B C 共通!

BASIC ストレッチ①

＼背中をクルーっと／

丸める

30秒キープ×左右1回

ストレッチの POINT!

背骨を動かす1つ目のストレッチです。反りすぎている背骨を本来の正しいカーブに調整します。このストレッチでは、肩甲骨の間やその周辺、脇の下、背中全体にかけて伸びるのを感じてみてください。

STEP 1

床に座り、片足を上げ反対側の手で足をつかむ。

Q

足をもったら
肩が
上がっちゃう!

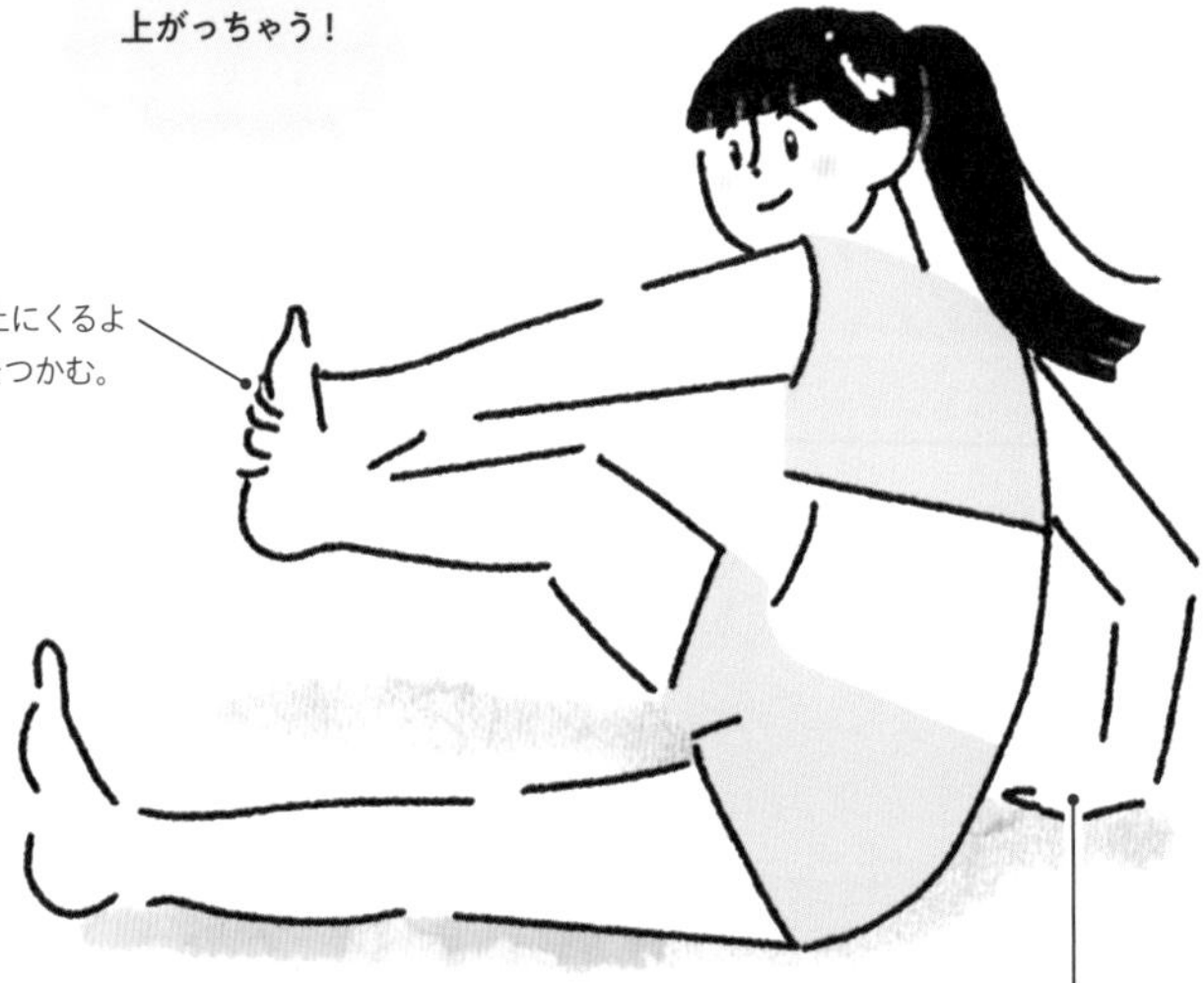

小指が上にくるように足をつかむ。
もう片方の手は床につける。

A

力を入れると肩が上がってしまうので、足をつかんだあとは腕や肩の力は抜こう。

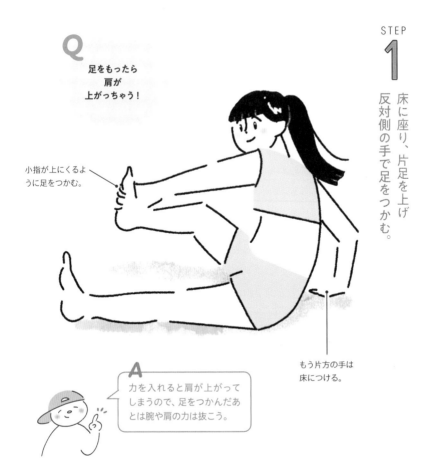

STEP
2
息を吐きながら背骨を丸めて30秒キープする。

Q

腕を外側にひねるってどういうこと？

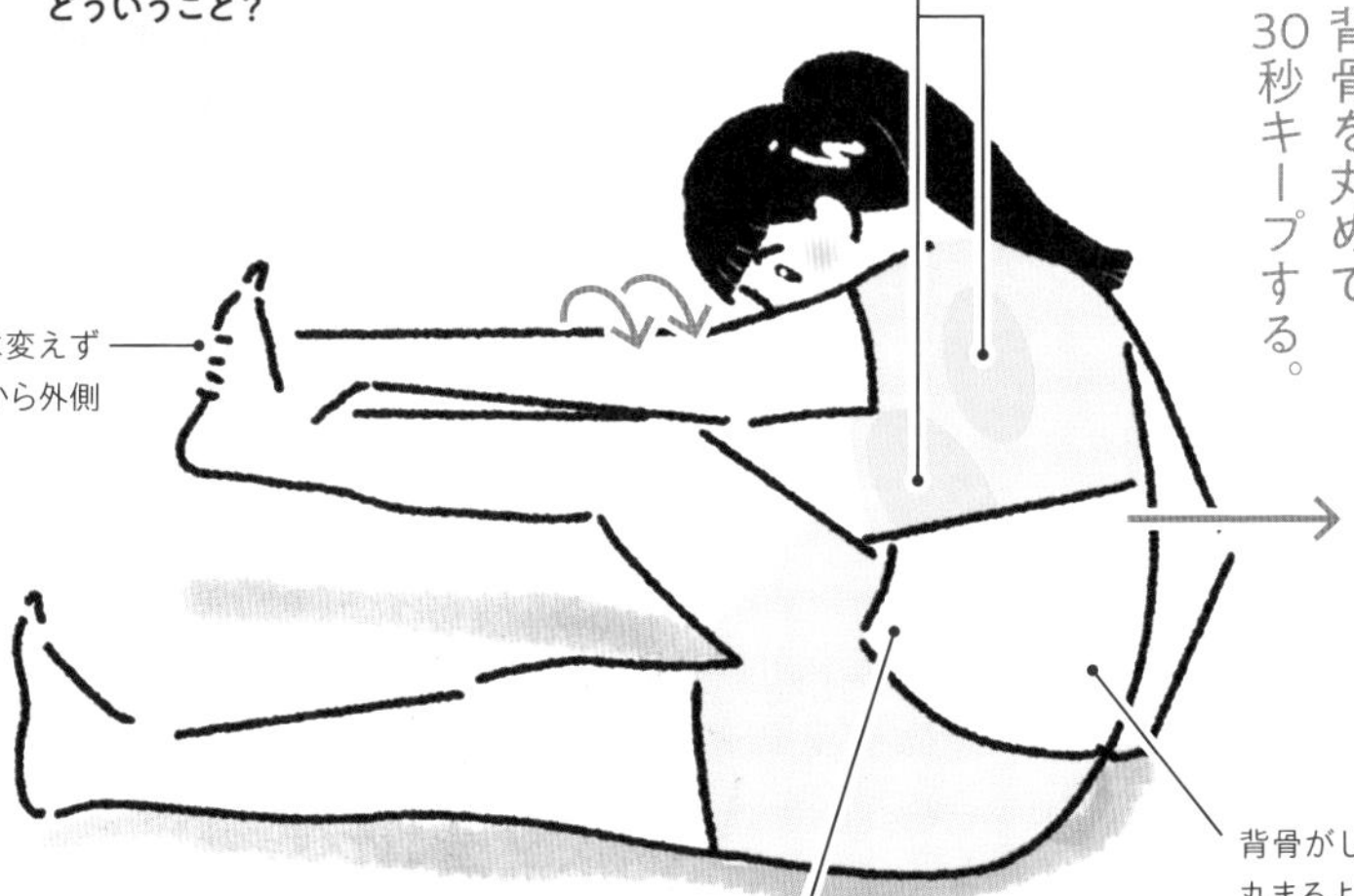
ここが伸びるのを感じて。
手の位置は変えずに、腕を肩から外側にひねる。
背骨がしっかり丸まるように、背中を後ろに引く。
お腹に力を入れずに、リラックスして息を吐き切る。息を吐くと肋骨が自然としぼんでいくので、背骨を丸めやすくなる。

A

この動きは、肩を下げたまま行うことがポイント。 腕を外側にひねることで、肩が上がらずにすみます。外側にひねると脇が締まる感覚があるはず！

要チェックPOINT！

アームレイズ（P70）など一部の筋トレでは、肩を落としたまま行うのが最も重要なポイント。手の角度や位置は変えずに、腕だけをグルっと外側にひねると自然と肩が下がる。腕をひねることで脇が締まるのを感じて。膝つきプッシュアップ（P66）などでの、手を床につける動きでは、手の外側に体重がかかる感覚があるはず。

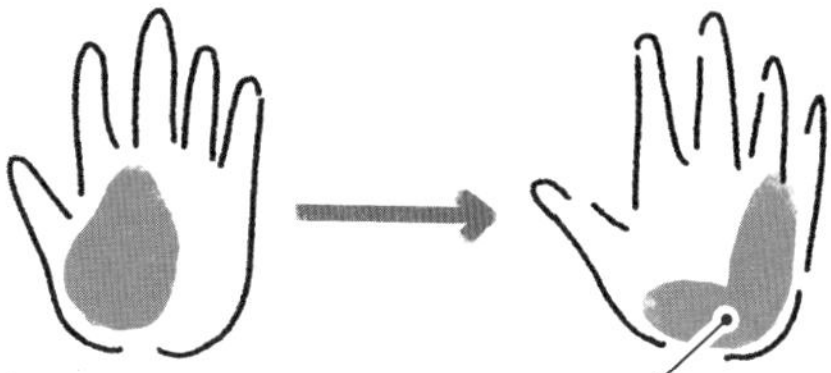
このあたりに体重がかかる。

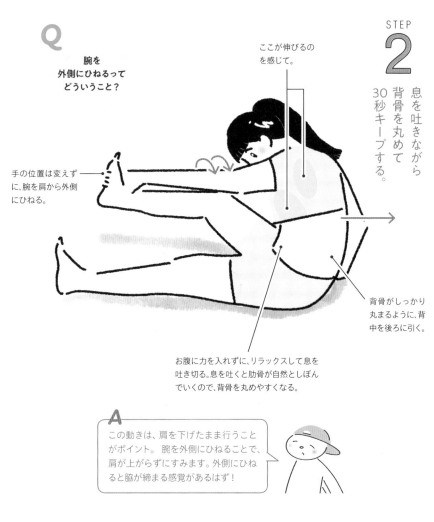

WEEKLY PROGRAM A B C 共通！

BASIC ストレッチ②

＼胸をぐう〜っと／

反らす①

30秒キープ×1回

ストレッチのPOINT!

背骨を動かす2つ目のストレッチです。背骨を正しく反れるようにします。胸や肩の前側、腕（力こぶあたり）が伸びる感覚をつかみましょう。また、肩甲骨の下あたりにギュッと力が入るのを感じてください。

STEP 1

手を後ろに組み
視線を前に向けて
真っすぐ立つ。

常に肩を下げて、首を長くするのがポイント！
座りながら行ってもOK！

ここをほぐす。

ストレッチの前にほぐそう！

胸周りの筋肉をくるくるとほぐすことで、胸の筋肉が伸びやすくなります。ストレッチの前にやるのがおすすめです。

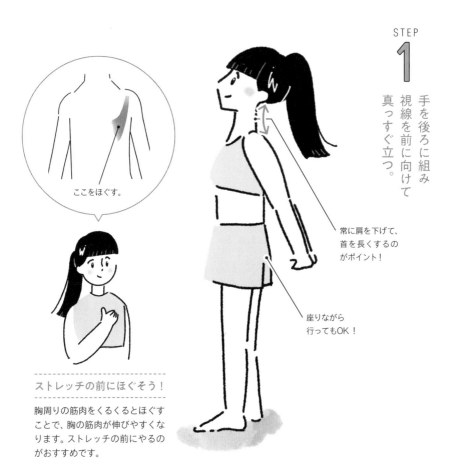

STEP 2

胸をななめ45度につき上げ、手をななめ下に引く。

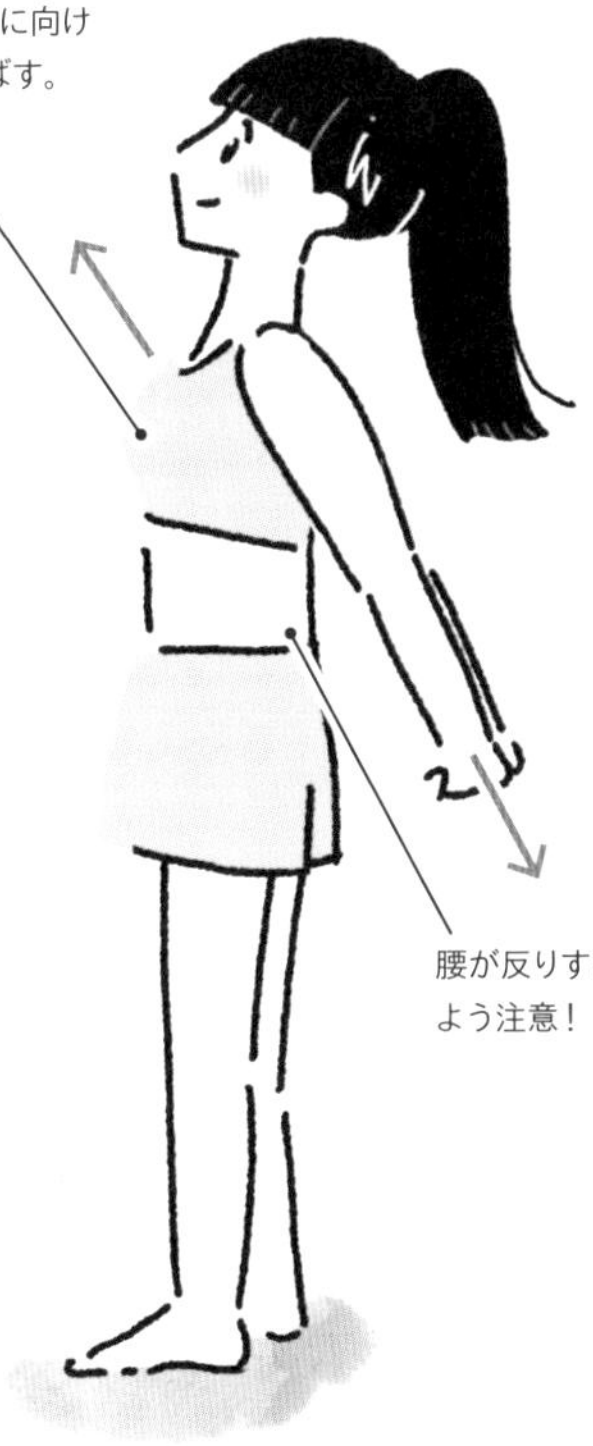

胸だけをグッと上に向けて、胸の筋肉を伸ばす。

腰が反りすぎないよう注意！

STEP 3

そのまま30秒キープする。

肩甲骨の下側をくっつけるようなイメージで。

息を吐くときに体が丸まらないよう、お腹の力は抜いてリラックスする。

Q

肩甲骨を
くっつけようとすると
肩が
上がっちゃう……。

A

肩甲骨同士をくっつけるのではなく、あくまでも肩甲骨の下をグッと合わせるイメージで腕を引くと肩が上がらないよ。

これはNG！

上を見るときにアゴだけを上げると、ただ頭を後ろに倒しているだけの状態になって意味がない。胸を反らしつつ視線をななめ上にもっていくと、胸の筋肉をしっかり伸ばすことができる。肩が上がってしまうのも胸が反らない原因になるので注意！

WEEKLY PROGRAM A B C 共通！

BASIC ストレッチ③

＼ 背中グッー ／

反らす②

30秒キープ×1回

ストレッチのPOINT!

背骨を動かす3つ目のストレッチです。正しくバンザイできるようになることが、このストレッチの目的です。正しいバンザイができないと、猫背や巻き肩の原因になります。胸の下側（脇腹に近いところ）や脇の下にかけて伸びる感覚をつかみましょう。

Q

壁との距離はどれくらい？

STEP 1

足を腰幅に広げて立ち壁に両手をつける。

手はなるべく高い位置につけたほうがやりやすい！
P55と同じように、腕を外側にひねるのがポイント！　脇を締めつつ、手の平の外側で壁を押さえるようにする。

A

離れすぎるとやりにくいので、壁から一歩ぐらいを目安にしてみて。

STEP 2

お尻を引いて背骨を反らしながら体を沈めて30秒キープする。

Q

腰を反らせるってコト……？

背中の上のほうを反らすよう意識して！
膝は曲がってもOK！

A

腰ではなく背中の上から反らせよう。胸を下に押しつけるようなイメージで行うと◎。

これはNG！

頭だけを下に下げるのはNG！　頭だけを下げると、背骨をしっかり反らすことができないので注意！

WEEKLY PROGRAM A B C 共通！

BASIC ストレッチ④

＼ 横腹グイー ／

横に伸ばす

30秒キープ×左右1回

ストレッチの POINT!

背骨を動かす4つ目のストレッチです。背骨の横方向の柔軟性を高めます。脇腹や脇の下から背中にかけて伸びる感覚をつかみましょう。特に脇腹の硬さは、体の左右差に繋がりやすいので、しっかり左右均等に伸ばせるようにすることが大切です。

STEP 1

骨盤を立てて床に座る。

Q

膝はどれくらい曲げるの？

骨盤を立てて、背筋をまっすぐ伸ばす。

A

骨盤が立つように楽に曲げれば大丈夫！ あぐらや椅子に座ってやってもいいですよ。

つむじを高いところに
もっていくイメージで、
まっすぐ上に引っ張る。
小指側で腕を上に
引っ張り上げるよ
うにする。
腕を上げたときに腰が
反れて、お腹が前につき
出ないように注意！

STEP

2

手をチョップの形にして、
上にまっすぐ上げて
背骨もグッとまっすぐ伸ばす。

STEP

3

背骨を横に倒す
という意識で
みぞおちから上を
真横に傾けて
30秒キープする。

みぞおちから上を真横
に倒すイメージで。
お尻が浮かない
ように注意。

Q

**すごく横に
倒せるけど
問題ないですか？**

A

それは、上半身ごと倒しているというNGの動きになります。胸やお腹、骨盤は真正面を向いた姿勢をキープし続けてみて。そんなに、横に倒せないことがわかるはずです。

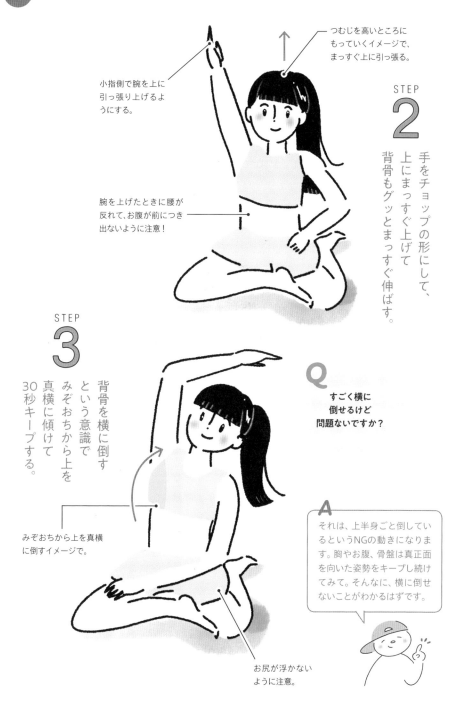

WEEKLY PROGRAM A B C 共通！

BASIC ストレッチ⑤

＼背中をクルッと／

ひねる

30秒キープ×左右1回

ストレッチの POINT!

背骨を動かす5つ目のストレッチです。背骨の柔軟性を改善して、体をひねりやすくします。肩甲骨周辺や背中周りが伸びる感覚を意識してみてください。これができるようになると、日常動作がキレイになって、見た目やせの土台にもなります。

STEP 1

椅子に座って足を広げ両手を膝にのせて骨盤から上半身を少し前に倒す。

Q

この体勢だと肩が上がっちゃうんですけど……！

腰は丸まっても、反ってもNG。骨盤から頭のてっぺんまで、まっすぐをキープしたまま、骨盤から体を前に倒す。
爪先と膝の向きを同じ方向にそろえる。

A

むしろ肩をしっかり上げるのがポイント！ ひじをつっかえ棒にして、体重をすべて前にかけよう。

これはNG！

骨盤が傾くと、猫背になりやすいので要注意。また、足を大きく開くことを意識しすぎると、骨盤が後傾してしまうので、無理に開かず、骨盤が立つ姿勢をキープできる位置でOK。

STEP 2

肩を内側に入れて背骨をまっすぐひねる。30秒キープする。

両腕ともひじは、
まっすぐ伸ばす。
手は足を広げる
ように押す。

Q

ひねるときのポイントが知りたい！

A

お尻の穴から頭のてっぺんまで、1本の軸が通っていることをイメージしてみて。その軸を中心から動かさずに回転するイメージで行えばOK！

横から見ると…

横から見ると、骨盤が立っているのがわかりやすい。いくらでもひねれる！　と思う人は、上半身全体をななめに倒しているだけの可能性大。骨盤の立て方はP51の前傾の骨盤のポジションを参考に。

WEEKLY PROGRAM A B C 共通！

BASIC ストレッチ⑥

＼お尻をグッーと／

伸ばす

30秒キープ×左右1回

ストレッチの POINT!

股関節の動きをよくするストレッチです。股関節が正しく動かないと、膝や足首の動きにも悪影響が出てくるので、ぜひやってみてください。ストレッチをする際は、お尻の下側や外側が伸びる感覚をつかんでみましょう。

STEP 1

床に両手をつけて、曲げている脚のスネを床につける。伸ばしている脚は、爪先でしっかり床を踏む。

お尻は常に浮かせた状態で、ストレッチを行う。
膝は床につけてOK！
足先が床にペターっとなるのはNG。爪先は床に立てる。

STEP 2

曲げているほうの膝が体の内側に入るように、お尻をななめ後ろに引いて、30秒キープする。

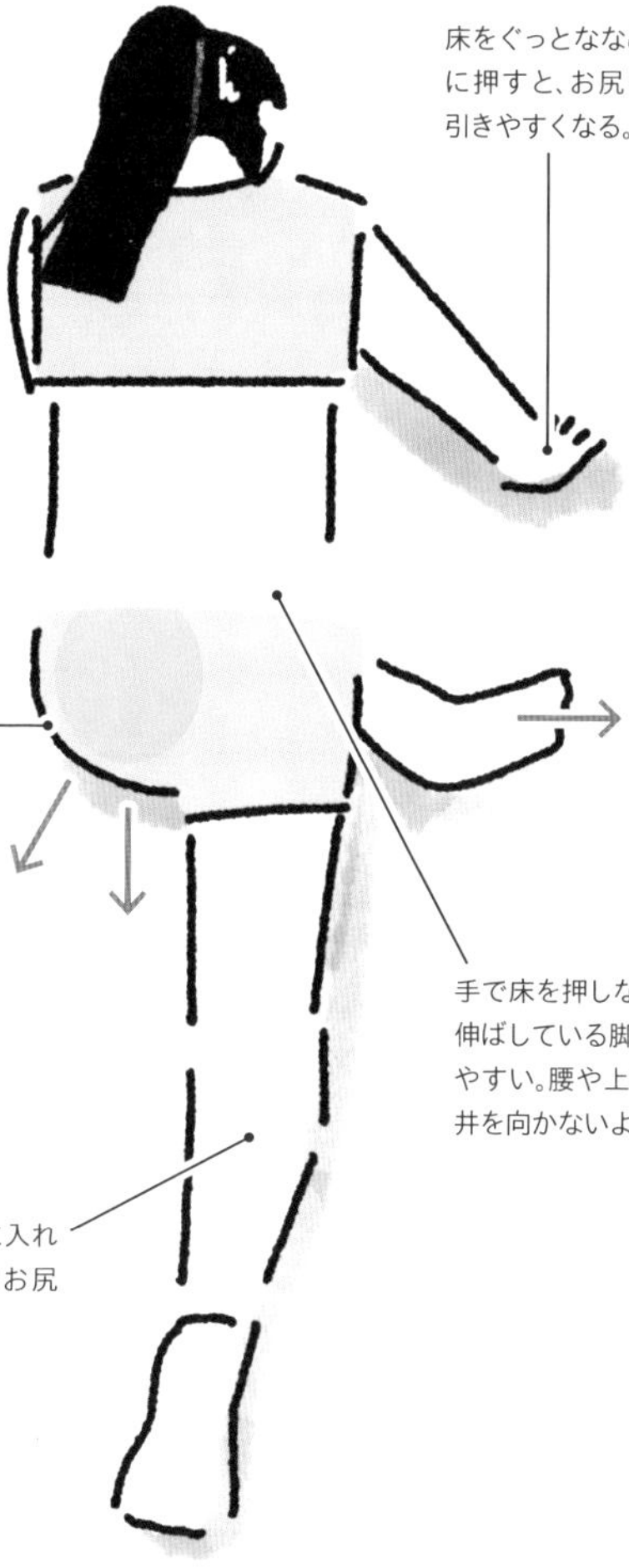
床をぐっとななめに押すと、お尻を引きやすくなる。
曲げているほうの骨盤からお尻をぐっと後ろに引くイメージで！
手で床を押しながらお尻を引くと、伸ばしている脚側の上半身が浮きやすい。腰や上半身がクルッと天井を向かないよう注意！
伸ばした脚も内側に入れると、曲げたほうのお尻が伸ばしやすい。

横から見ると…

横から見ると、伸ばした脚の膝や爪先の位置、お尻が浮いていることがわかりやすい。また、骨盤は常に床と平行になるよう意識するのがポイント。伸ばしている脚側の腰や上半身が天井を向くと、お尻が伸びなくなるので要注意。

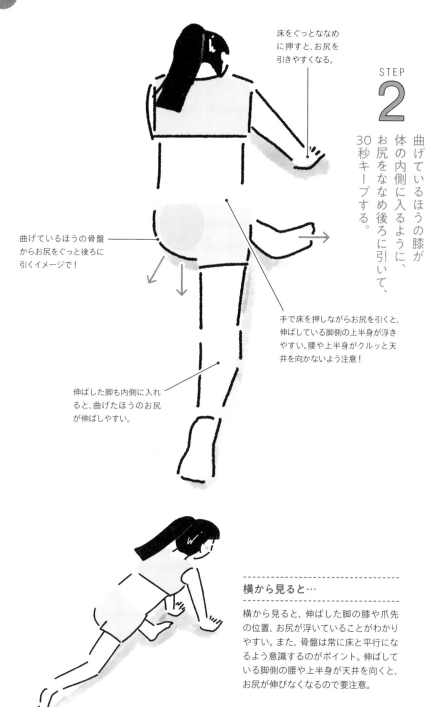

WEEKLY PROGRAM

体幹を安定させ猫背を解消！

A 膝つきプッシュアップ

10回×2～3セット

STEP 1

膝をついた状態で両手を床につける。

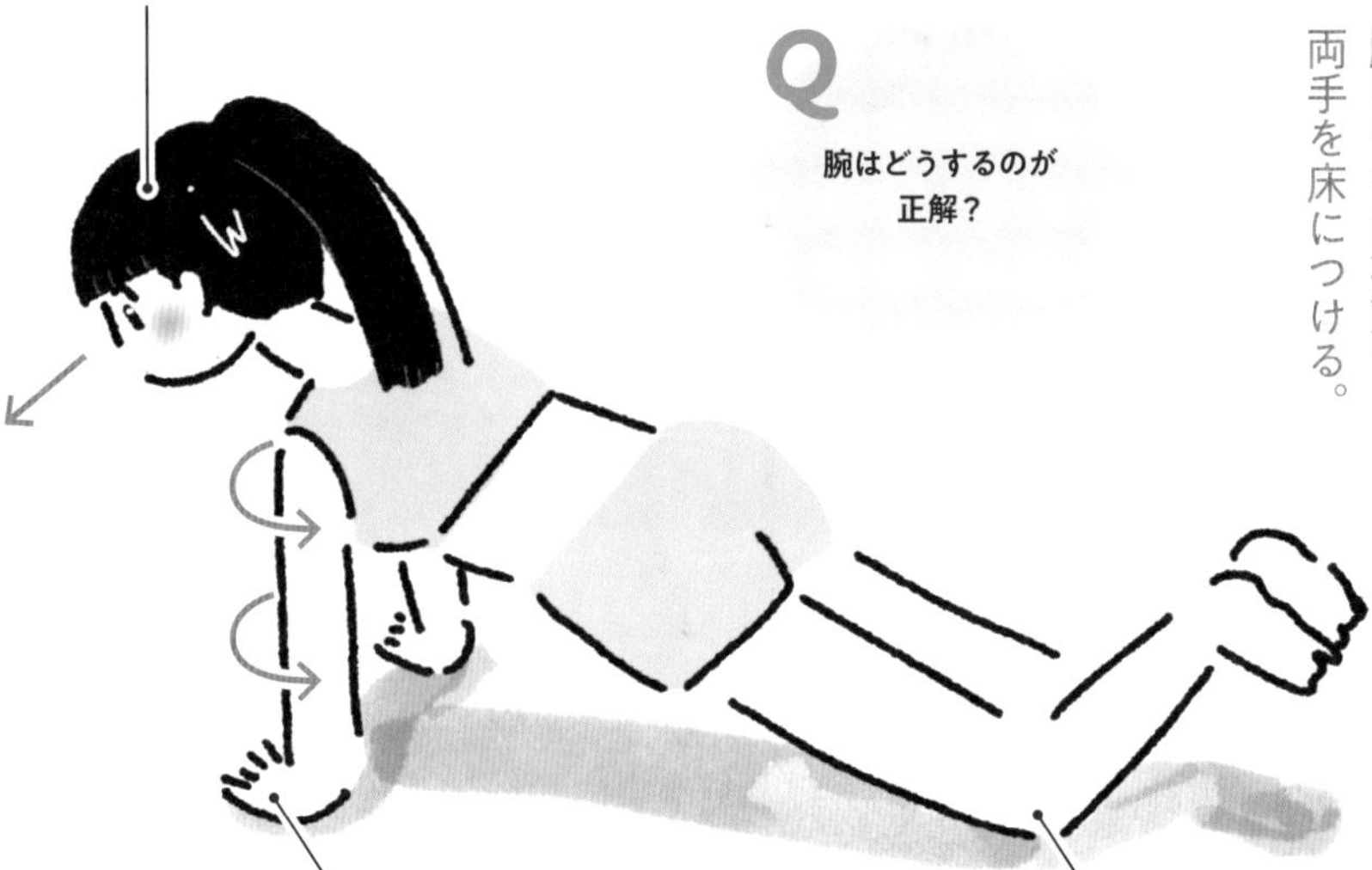
頭が下がらないように！
手の平の位置は変えずに、肩の付け根から腕を外側にひねって脇を締める。
頭から膝までまっすぐになるようにキープする。

Q

腕はどうするのが正解？

A

この動作も肩を落としたまま行うのがポイント。そのためには、脇を締めることが重要です。P55で解説したように、手の位置は変えずに腕だけをグルっと外側にひねってみて。脇が締まって、手の平の外側に体重がかかるのがわかるはずです。

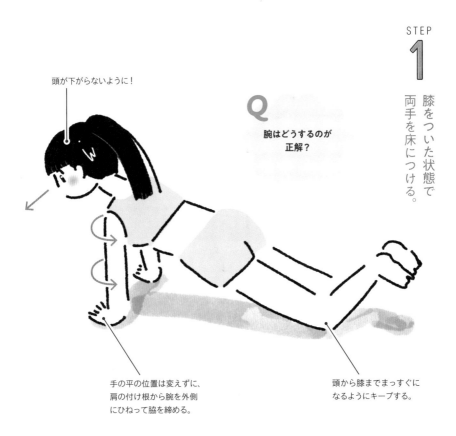

ココに効く!

プッシュアップは腕を鍛えるというよりも、**最大の目的は肩甲骨周りを中心とした体幹のトレーニング**。腰が反れたり、頭が前に出たり、腕を内側にひねらないようにするのがポイント! 体幹や肩甲骨を安定させつつ動くことができれば、**猫背や巻き肩も改善**します!

STEP 2

頭から膝までまっすぐな状態をキープしながら体を沈める。

Q

腕の力がないので体重を支えられないです…!

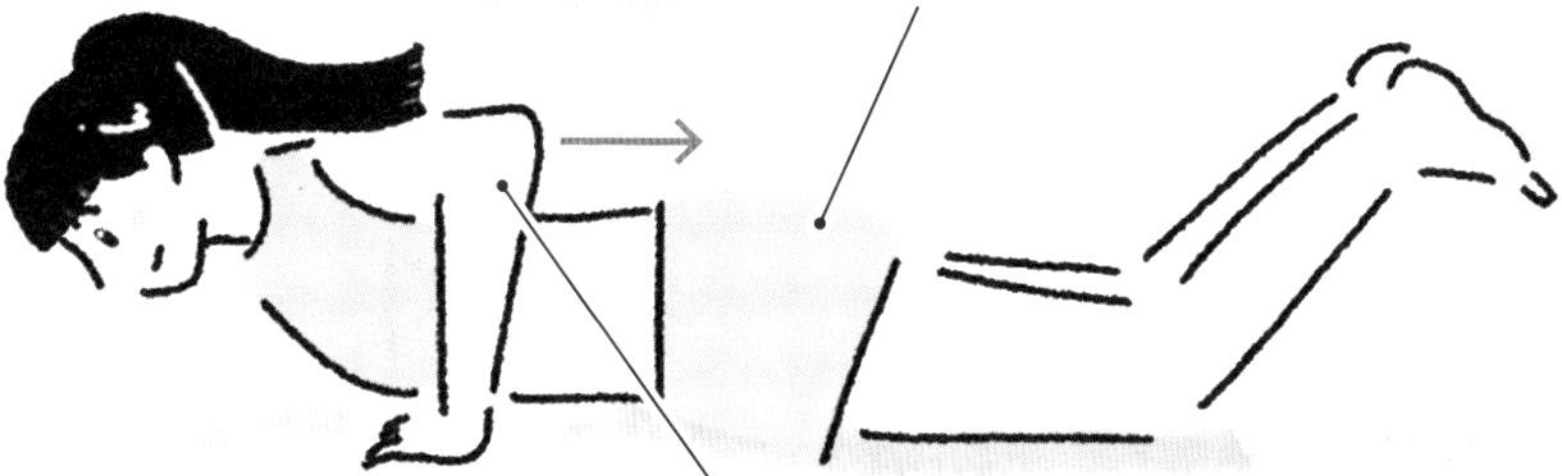
腰が反ったり、お尻がつき出たりしないように注意。
ひじは外側に開くのではなく、後ろに引くイメージ。

STEP 3

体勢をキープしながら床を押してSTEP1の位置に戻る。10回繰り返す。

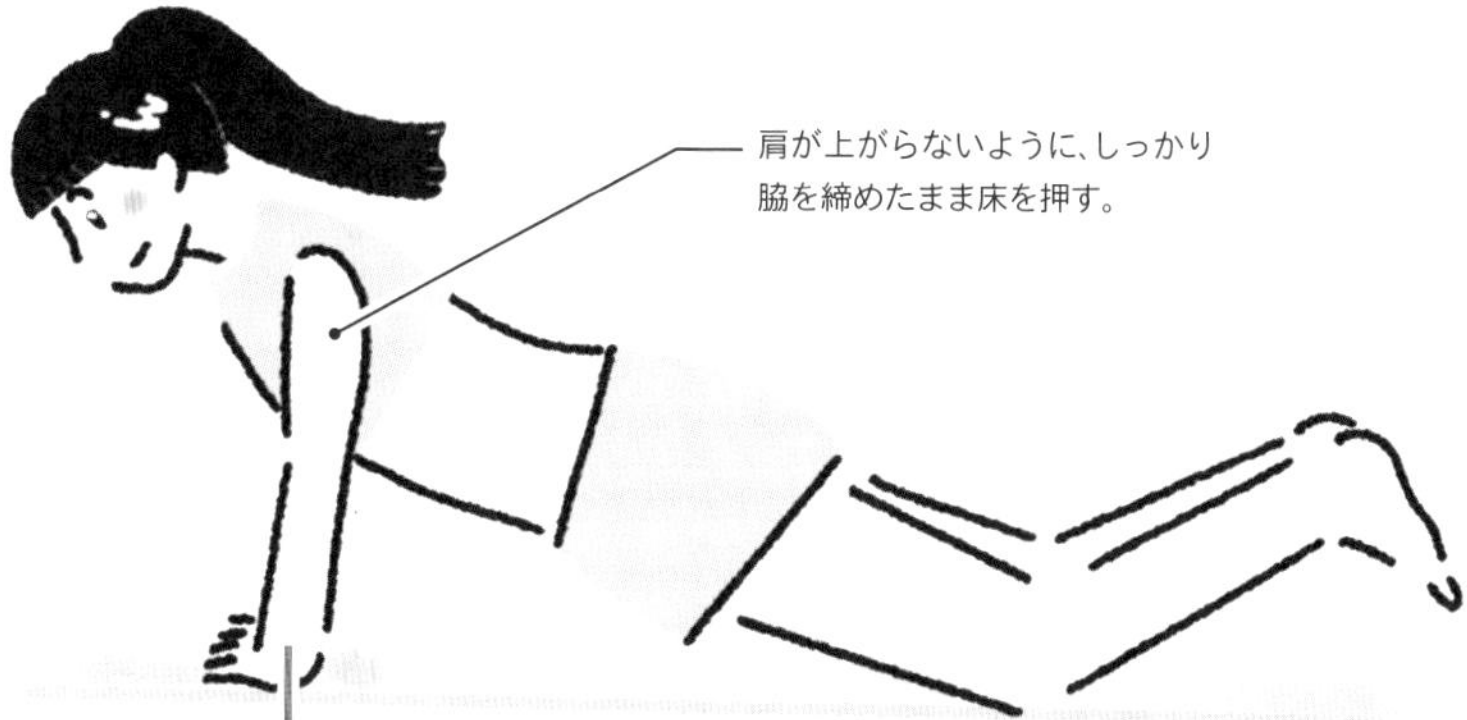
肩が上がらないように、しっかり脇を締めたまま床を押す。

A

支えているのは、実は腕ではなくて肩甲骨周りの筋肉。腕や肩周りの力は抜いて、重力で自然と胸が張るイメージで行ってみて。はじめのうちは、ゆっくり下ろす練習だけでもOK。

肩甲骨の位置を正して二の腕やせ！

A リバースプッシュアップ

10回×2〜3セット

STEP 1

背筋を伸ばして椅子に座り、両手を椅子につける。

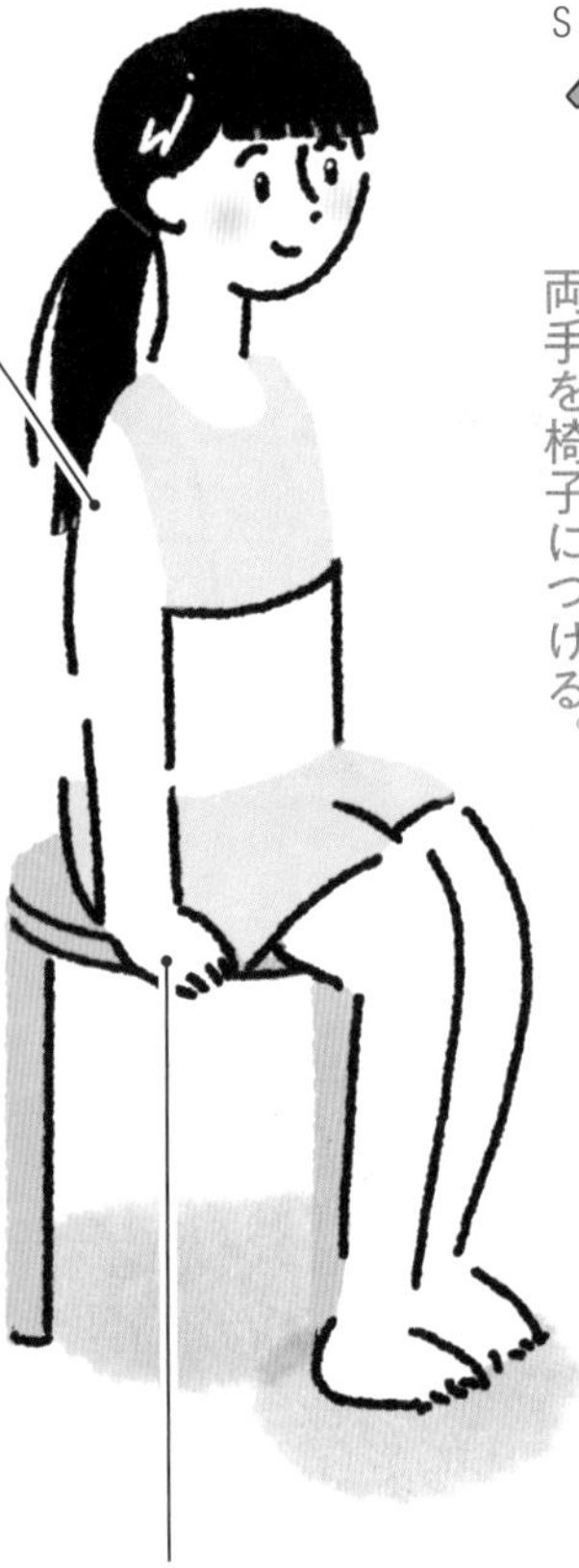
肩がすくんだり、首だけ前に出るのはNG。お尻から頭の先までまっすぐ伸ばそう。
手は前に向けるか、難しければ少し外に向けてもOK。

STEP 2

お尻が椅子から外れる位置までずらし、肩を下げたまま脇を締めて体を支える。

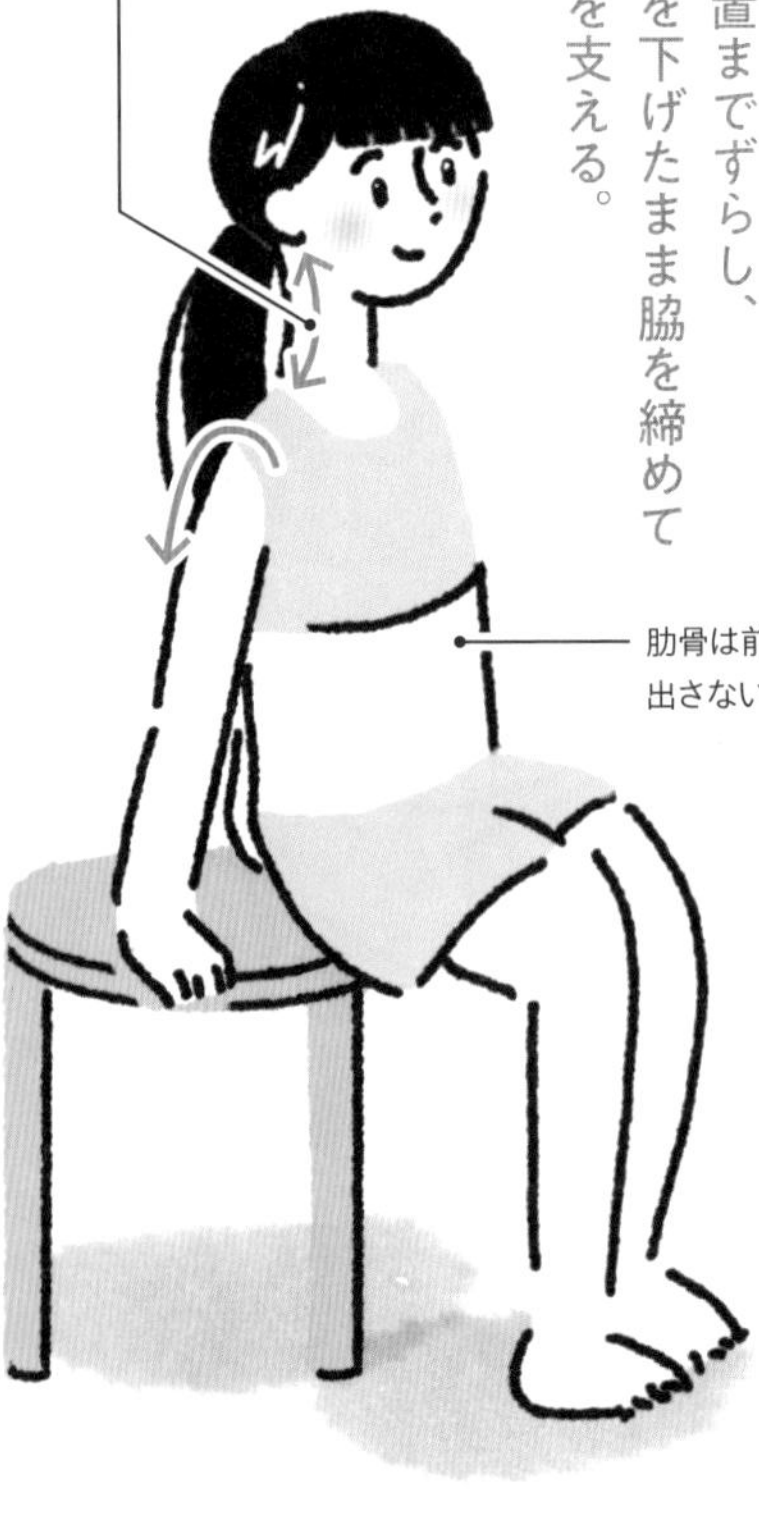
常に肩を落として、首が長くなることを意識する。
肋骨は前につき出さない。

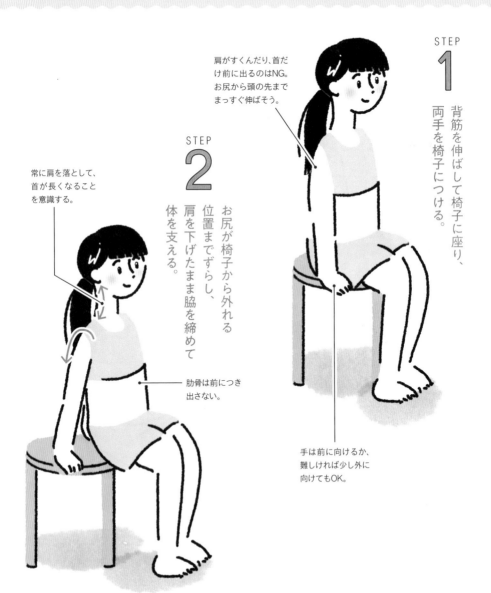

ココに効く！

肩が上がりやすい人や腕が内巻きになりやすい人におすすめのメニュー。二の腕の内側だけでなく、背中の筋肉がしっかり働くことで、肩甲骨の位置や腕の向きが整い、二の腕やせにもつながります。

Q

どれぐらい体を下げればいいの？

目線は上ななめ45度に向けよう。自然と肩甲骨の位置がキープできて、姿勢が保ちやすくなる。
常に、外側に腕をひねって脇を締めるのがポイント。STEP2に戻るときに、脇で押し込んでいる感覚があると◎。
背中と椅子がくっついててもOK！
脚の力は使わず、リラックスさせる。

STEP 3

姿勢をキープしながらひじを後ろに曲げて、体を下げていく。腕を下に押し込みながら、STEP2の位置まで戻る。10回繰り返す。

A

この動きも肩を落としたまま行うのが最も重要なポイント。これができれば、ちょっと体を下げるだけでも効果があります。なので、あまりひじを曲げる角度にこだわらなくてもOKです。最大でも90度ぐらいを目安に。

椅子がない人は…

家に使いやすい椅子がない人は、頑丈な机を代用してもOK。ただし、ガラスのカフェテーブルなどは危険なので避けて。

肩甲骨の位置を整えて巻き肩を改善！

B アームレイズ

10回×2～3セット

STEP 1

体全体をまっすぐに保った状態でひじを曲げる。

頭の位置は常に固定させる。前につき出すのはNG。

ここも、P55と同様に腕を外側にひねって肩を落とすのがポイント！　脇が締まる感覚を大事に。

STEP2で手を伸ばしたあと、元のポジションに戻るときも、ひじをしっかり曲げる。

Q

足幅はどのくらい？

A

自分が立ちやすい足幅でOK。肩幅よりちょっと広げて立つと、姿勢を安定させやすいです。

巻き肩や猫背の人はうまくバンザイができません。そのままでは将来的に肩の痛みなどに繋がってしまう可能性も……。背中の下側や肩の後面を鍛えることで、肩甲骨の位置が整い、姿勢がよくなります。

STEP 2

手を上に伸ばし、
肩甲骨を寄せながら
胸を張って3秒キープする。
10回繰り返す。

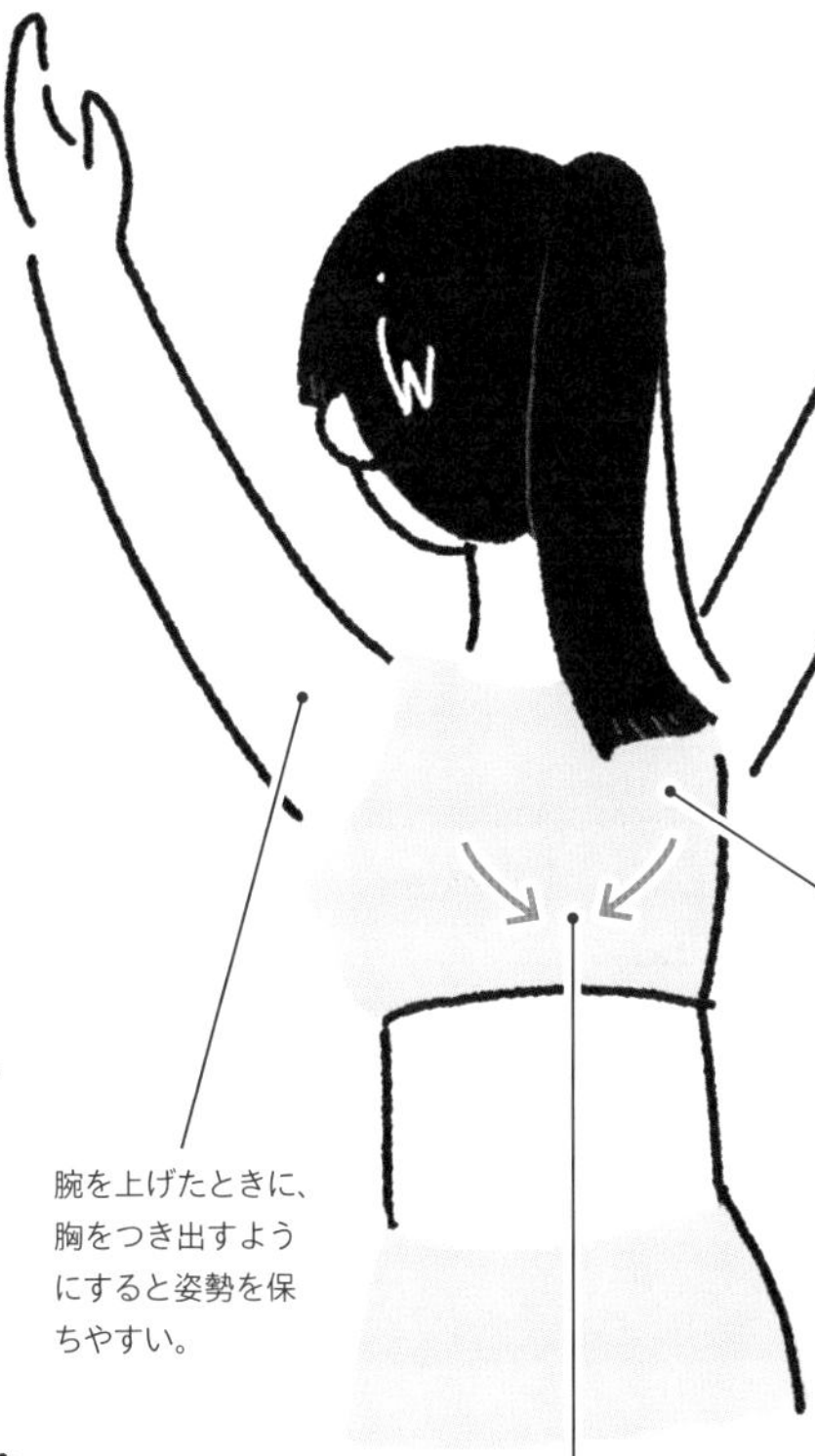

胸を反らし肩甲骨が動いた結果、手が上がるというのを意識して。簡単に上げ下げできる人は、間違った動きになっているかも。

腕を上げたときに、胸をつき出すようにすると姿勢を保ちやすい。

背中で肩甲骨をギュッと寄せるようなイメージで。

横から見ると…

上げた手は、体の真横からやや後ろの位置にくる。猫背だと体の前でしか手が上がらない。そのまま無理やり手を上げると肩を痛めるので要注意。無理のない範囲で行って。

これはNG!

腕を後ろに上げようとすると、骨盤が前傾して腰が反ってしまう人も。腰が反れすぎてしまうと、腰を痛めてしまうこともあるので気をつけよう。

WEEKLY PROGRAM

肩甲骨を下げて首筋美人！

B ローイング

10回×2～3セット

STEP
1

手はチョップの形にして、両手をまっすぐ前につき出す。

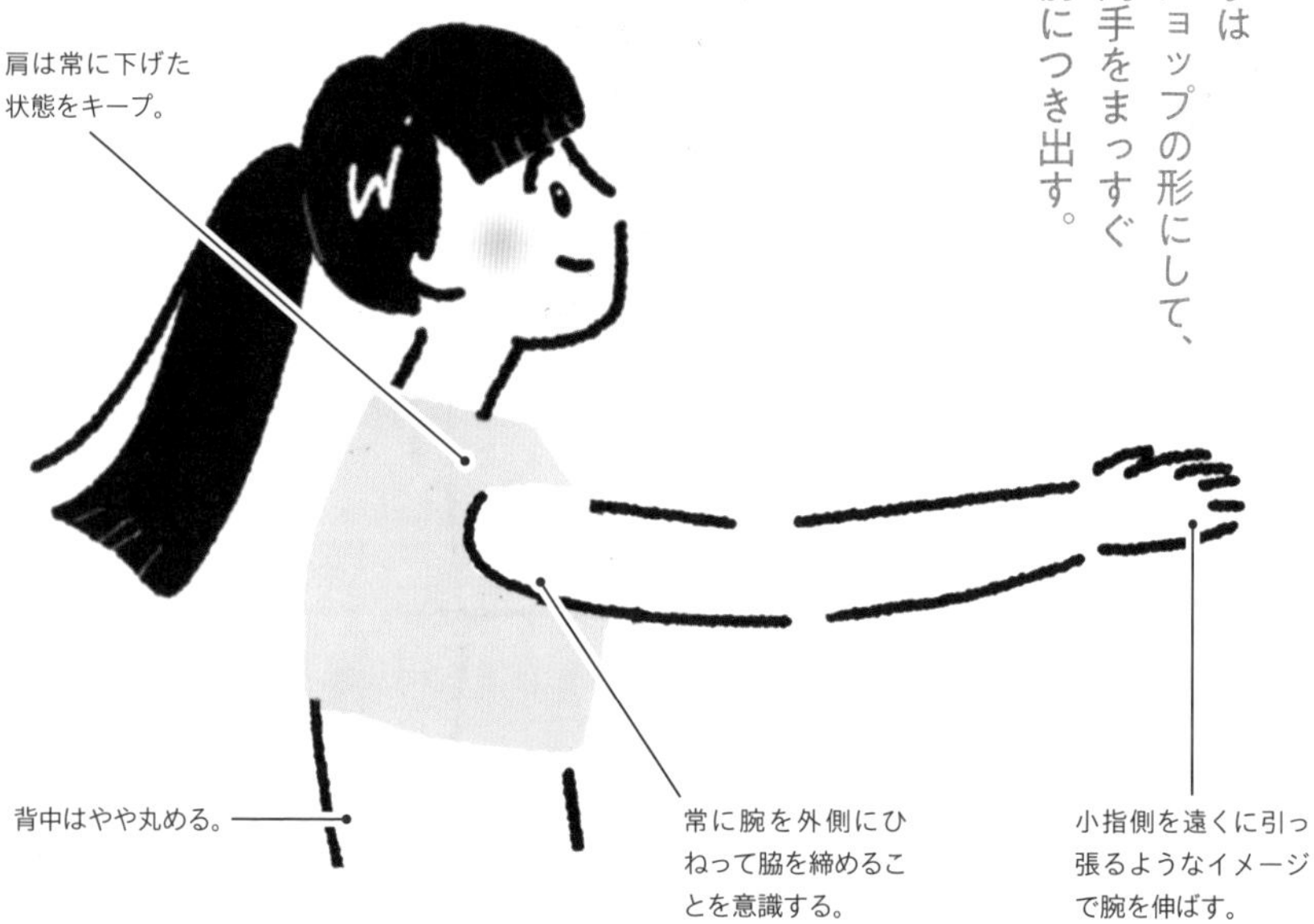

肩は常に下げた状態をキープ。
背中はやや丸める。
常に腕を外側にひねって脇を締めることを意識する。
小指側を遠くに引っ張るようなイメージで腕を伸ばす。

ココに効く!

肩が前に出がちな人や胸がうまく反れない人は、代わりに頭をつき出したり、腰を過剰に反らせたりしてしまいます。**背中の下側を鍛える**ことで、肩甲骨を正しい位置に下げ、**首の短さを改善**することができます。

STEP 2

手のひらを上に向けながらひじを後ろに引き、ななめ上に向けて胸を反る。10回繰り返す。

Q

ひじを引いたときに肩も上がってしまう……。

頭が前につき出ないよう、首はまっすぐな状態をキープ。
肩は下げたまま、胸をななめ上に反る。その際、腰が反りすぎないよう注意。
ひじを後ろに引っ張って、肩甲骨の下を寄せる。

A

P56のBASICストレッチ②と同じように、左右の肩甲骨の下を寄せるようなイメージを保ったままひじを引こう。自然と肩が下がってくるよ。

これはNG!

ひじを引いたときに、頭が前に出るのはNG。また、胸が反らないと、肩甲骨が正しく動かない。ひじを後ろに引くことに気を取られるよりも、胸がしっかり反るのを意識すると◎。

WEEKLY PROGRAM

ヒップアップと美脚が同時に叶う！

C BOXスクワットorスクワット

10回×2〜3セット

BOXスクワット

STEP 1

椅子に座って脚を開き、
背筋を伸ばしたまま
前傾姿勢になる。
手は胸の前でクロスする。

立ち上がるときに、ここで決めた膝の位置が前に動かないようにする。
爪先と膝は同じ方向に向ける。かかとの位置は必ず膝よりも後ろになるように。

STEP 2

姿勢をキープしたまま立ち上がる。
椅子にお尻が触れるくらいまで
しゃがんで立つのを10回繰り返す。

上半身はまっすぐをキープし続ける。
股関節がくるぶし、膝の上のラインにのるイメージで立ち上がる。
立ち上がるときに膝が内側に向きやすいので、しっかり外側に向ける。

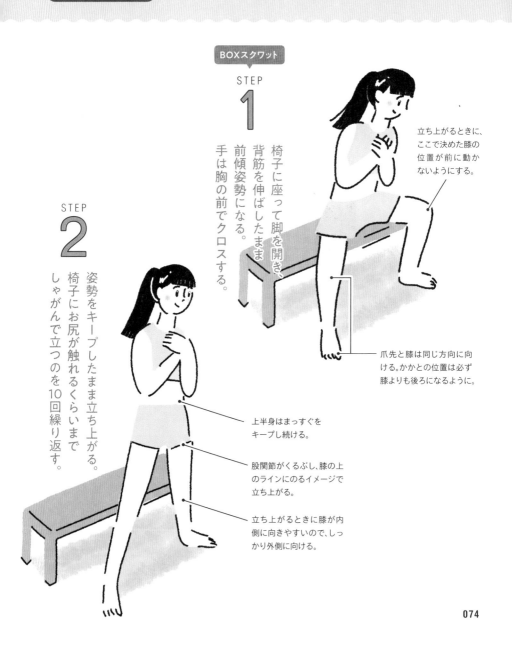

ココに効く!

座る、立ち上がる、床から物をもち上げるなどの動作が下手だと、**脚が太くなりがち**。スクワットはまさしく、そんな動作を整えるメニュー。最初は、椅子を使った**BOXスクワットのほうがフォームを整えやすい**のでおすすめ。理由が気になる人はP78をチェック!

スクワット

STEP 1

手を胸の前にもってきて、脚を肩幅より広げて立つ。

骨盤から頭まで
まっすぐに保つ。
無理に広げなくてもOK。
爪先と膝は外側に向ける。常に同じ方向を向くことが重要。

STEP 2

股関節を曲げて、太ももが地面と平行になるぐらいを目安にしゃがんで、STEP1に戻る。10回繰り返す。

体勢をキープしたまま、後ろの椅子に座るようなイメージでやるとやりやすい。
ココに体重をかける。

Q

足のどこに体重をかけたらいいの……?

A

体重をかけるのは爪先でもかかとでもなく、ちょうど靴ひもを結ぶあたり。股関節がしっかり曲がらないと、膝に負担がかかり、膝を痛める原因になるので注意!

股関節を整えて歩き姿を美しく！

C 片脚ヒップヒンジ

左右10回×2～3セット

STEP 1

壁に手をついて、片脚立ちになる。

視線は落とさずまっすぐ前へ。視線を下に落とすと、それにつられて猫背になってしまいがち。
左右の骨盤がどちらかに傾かないように、水平を保つ。
片方の膝は伸ばしきらないよう注意。爪先、膝、股関節が一直線になるようにする。膝が内側や外側を向いたり、ブレたりしやすいので常に真正面をキープ！
重心はちょうど靴ひもを結ぶあたりにおこう。爪先やかかとにはのせない。

STEP 2

頭から骨盤までまっすぐな状態を保ったまま、股関節を90度くらい曲げて姿勢を前に傾ける。

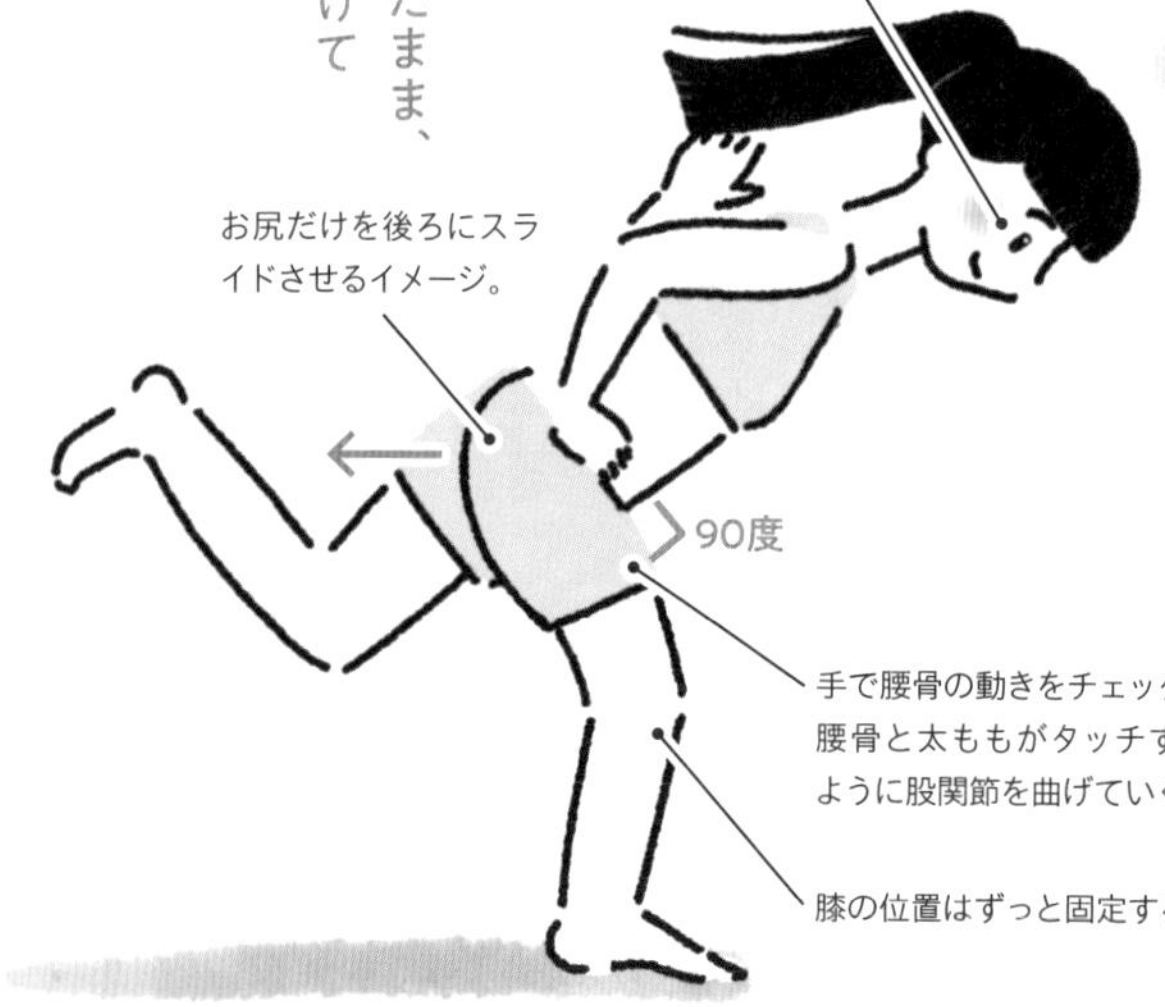
股関節を曲げたときも、視線は動かさず固定させよう。
お尻だけを後ろにスライドさせるイメージ。
90度
手で腰骨の動きをチェック！腰骨と太ももがタッチするように股関節を曲げていく。
膝の位置はずっと固定する。

ココに効く!

お尻をふりふりして歩く人がいますが、これは股関節の内側や外側をうまく使えていない証拠。お尻に力が入りづらく、脚にばかり負担をかけてしまうので、**脚が太くなりやすい傾向が**。大臀筋やハムストリングを鍛えて、**美脚とヒップアップを叶えましょう。**

Q

戻ろうとすると膝の位置が動きます……。

STEP 3

姿勢を保ったまま
元の位置に戻る。
10回繰り返す。

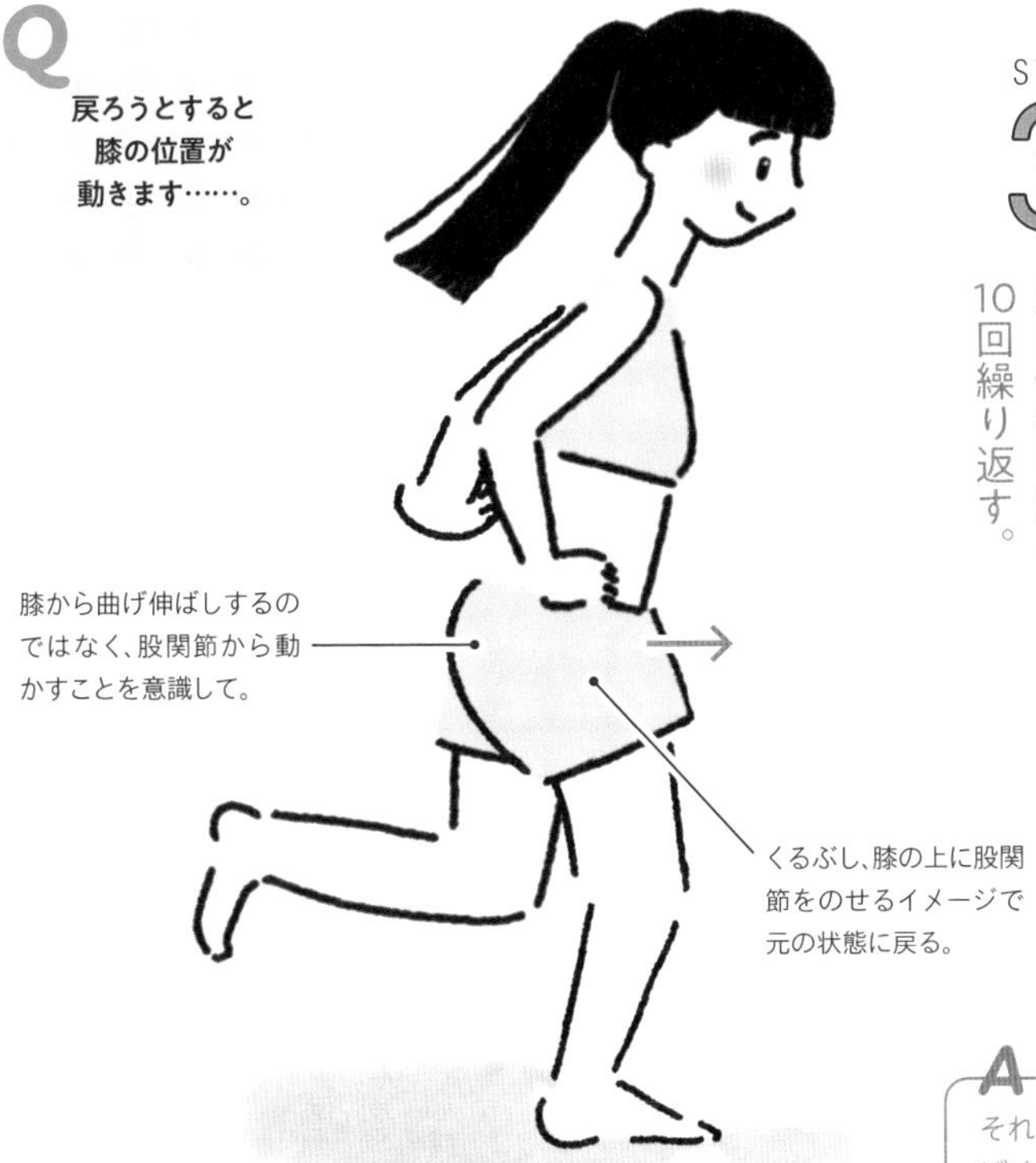
膝から曲げ伸ばしするのではなく、股関節から動かすことを意識して。
くるぶし、膝の上に股関節をのせるイメージで元の状態に戻る。

A

それは、普段膝を伸ばす力に頼りすぎているから。膝を固定させたまま、くるぶしの真下で地面を踏み込むイメージで動いてみよう。

片脚ヒップヒンジができない人は

両脚で行ってもOK。両足を床につけたまま、上半身をまっすぐに保ち、腰が曲がらないように股関節から曲げよう。腰骨と太ももで下敷きを挟むようなイメージで！

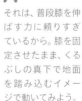

ダイエッターの
よくある疑問を解決!!

Q

早くやせるために、筋トレの回数を増やしたり、負荷をかけたりすることに意味はありますか？

A

まず、PART2で紹介している筋トレは、やせる（体重を落とす）ためのものではなく、あくまで見た目をよくするために必要な運動と捉えてください。もちろん、回数を増やし、ダンベルなどの道具を使って負荷をかければ、その分体のメリハリアップにつながります。

Q

やせたいなら有酸素運動をするべきですか？

A

やせるためには、有酸素運動が必須と思っている人も多いですが、そんなことはありません。たしかに、セットポイントを整えるためには最低限の活動量は必要ですが、日常生活をアクティブに過ごす意識だけでも効果があります。たくさん運動した分だけやせると思っていると、期待しているほどの効果が得られず、ストレスが溜まって、マイナスになりやすいです。健康のためや自分が好きだから行うという認識ならOKです！

Q

BOXスクワットからはじめたほうがよい理由はなに？

A

座った状態からはじめることにより、爪先と膝先を同じ方向に向けた状態でどのくらい脚を開くことができるのかがわかりますし、骨盤の前傾姿勢や、前ももに頼らない立ち上がり方を確認することができます。

Q

体重が落ちなくなってしまいました。負荷を上げたほうがよいですか？

A

繰り返しになりますが、筋トレそのものにやせる効果を期待すべきではありません。また、ダイエットをしている間は、ずっとやせていくと思っている人が多いようですが、そんなことはありません。あくまで、あなたの新しい習慣にふさわしい体重まで勝手に落ちて止まっているだけです。そのため、体重が落ちなくなることは普通のことです。太っていると思うなら、今の生活習慣を改善させる余地を探して、今までの習慣をベースに上乗せしていく必要があります。

Q

食事は決まった時間にとらないとセットポイントが乱れますか？

A

あまり気にしすぎる必要はありません。ただ、基本的にはだいたい同じ時間に食べる、というベースを作ったほうがいいでしょう。食事の時間や回数、その配分はあまり重要ではないので、自分のライフスタイルや食欲の感じ方に合わせて調整しましょう。

Q

ストレッチや筋トレは、いつやるのが一番いいですか？

A

トレーニングをすべき時間帯というのは特にありません。好きなときに行えばOKです。ただし、寝る前に筋トレをすると神経が高ぶって寝にくくなる人もいるので、そこは避けたほうがいいでしょう。大事なのは、自分がやりやすい時間帯を見つけて継続的に実践していき、それが日常生活のなかのひとつの習慣として当たり前になることです。

Q

筋肉痛にならないとダメですか？

A

普段動かしてない筋肉ほど筋肉痛になります。ですが、今後トレーニングを継続することで、筋肉を動かしていれば筋肉痛も出なくなります。あまり、気にする必要はありません。

Q

普段体を動かさないので、回数をこなすのが難しいです……。

A

回数はそこまで重要ではありません。はじめのうちは、それこそ3回でも5回でもOK。回数は少なくてもいいので、正しい動きができているかどうかを重要視してやってください。慣れてきたら回数を増やしていけばよいでしょう。

Q

最近あまり野菜を摂取できていません。野菜ジュースで、栄養を取ってもいいですか？

A

野菜ジュースはあくまでジュースです。野菜ジュースもプロテインバーなどと同様に、加工段階で必要な栄養素が抜け落ちていきます(→P94)。野菜ジュースを飲んでいれば安心！　と思わないようにしましょう。なお、普段の生活において、おすすめの水分摂取方法は以下の4つです。

❶ 水
❷ お茶
❸ コーヒー(無糖)
❹ アイスティー(無糖)

Q

P55の『要チェックPOINT！』がよくわかりません……。

A

これを意識すべき動きはすべて、肩を落としたまま行うことが重要な動き。車のハンドルを外に回すイメージで、肩からクルッと外側にひねると脇が締まります。脇が締まると、肩が下がるのがわかるはずです！　これができないと効果も出ないので、意識してやってみて！

Q

ダイエット中にお酒を飲むのはOKですか？

A

自分の人生を楽しむためにも、楽しい飲み会を完全にやめる必要はありません。ですが、当然アルコール自体にもカロリーがありますし、甘いカクテルやサワーなら糖質の分のカロリーも上乗せされます。行く飲み会を厳選するか飲みすぎないようにしましょう。また、飲み会の場でなにを選んで食べるかも同じくらい重要です。揚げ物など脂っこいものには要注意！

Q

パンは太ると聞きますが……。パンを食べてもやせられますか？

A

パンを食べていてもやせることはできます。白米などに比べると少し難易度は上がりますが、パンのみの食事は避けて、理想的な食事の組み立て方（→P96）を構成するひとつとして考えればOK。その際は、プレーンなパン（硬いものならなおよし）をおすすめします。菓子パンなどは基本的には嗜好品として位置付け、日常の食事とは分けて考えましょう。

Column 2

自分の体のことや健康に興味をもってみよう

ダイエットに興味をもつ人たちの多くは、やせたい！　見た目がよくなりたい！　と漠然と思っています。そのため、いきなり「やせる方法」に飛びついてしまう人も多いのではないでしょうか。

ただし、肝心なのは「なぜ今そういう状態になっているか」であって、そこを考えずにいるとよい解決策も見つかりません。本書の冒頭でも簡単に紹介しましたが、そもそも、どのような問題を抱えているのかは、人それぞれ違うものです。

多くの人は見た目をよくしたいとは思いながらも、体の構造にはあまり興味がないようです。極端ないい方になりますが、僕のトレーニングに来る方たちの「ここは動かすところ」と思っている体の場所と「ここはあまり動かないところ」と思っている体の場所は、ほとんど逆なのです。頭のなかでこのイメージが逆になっていたら、動かせるところも動かせません。そして、その結果が「見た目の悪さ」としても出てしまいます。

また、先天的な要素を除けば、太っている人の多くは、身体的にも精神的にも不健康な生き方をした結果が体に表れています。つき詰めるほどに、心と体の健康と美は切っても切れない関係といわざるを得ません。もちろん、専門家レベルで詳しくなれなどとは思っていません。ただ、やせたい！　美しくなりたい！　と思うのなら、今までよりもほんの少しだけ、体の構造や健康に興味をもってもらえるとなにか変わるのではないでしょうか。

PART 3

ダイエットは日々の生活習慣の結果

体重の増減は、あなたの日々の運動や食事といった
生活習慣がもたらす『結果』です。
本章を参考に、自分の体によいことを少しずつでもよいので、
取り入れてみましょう。
規則正しい生活を送ることがやせるための第一歩になります。

Daigo ゆる系トレーナー
@hexagym

「がんばる」のではなく普通に維持できて成功！

最終的なダイエットの成功とは、**「ダイエットに関する悩みからの開放」**です。体型をキープすることばかりに気を取られて、**なんとか維持している状態は成功とは呼べません。**ハードな食事制限や運動を無理して続け、毎日ダイエットのことで頭がいっぱいな状態で、ようやく体型維持という状態なら、あなたの「セットポイント」は変わっていません。

　また、一時的にやせたことに満足して、ダイエットをやめた結果、リバウンドした経験はありませんか？

　セットポイントが整わないまま、無理な食事制限をしていても、その生活に疲れ果ててしまったら、あっという

【 無理しない生活習慣改善への第一歩 】

- 週2回の飲み会が1回になること
- おかしを食べるより、果物を食べる回数が増えること
- 今までより平均して歩数が1000歩増えること
- 睡眠時間の平均が6時間から7時間になったこと
- 野菜を食べる量の平均が今までより100g増えること
- エスカレーターではなく階段を使うようになったこと

間に元の体型に戻ってしまいます。

なお、ダイエットの本質は、習慣とその結果です。日々の生活上の価値観が変わらないと、習慣は変えられません。上の図のように、まずはほんの少しの変化からはじめてみてください。それによって「体重が自動的に安定するポイント」が1kg下がったら、もう一歩だけ習慣を変化させてみましょう。欲張って一気に二歩、三歩の変化を求めると、習慣にできずに挫折してしまいます。焦らず、少しずつ行うのが結局のところ、近道になります。

これを継続していき、自然と自分の体によいものを求める状態になることで、結果としてやせていくのです。

Daigo ゆる系トレーナー
@hexagym

「減量」と「ダイエット」の勘違いから生まれる悲劇

勘違いしている人が多いのですが、減量とは、カロリー制限などによって一時的に体重を減らすことです。

スポーツなどの大会や結婚式などの晴れ舞台に向けて、そのタイミングに合わせて行うのなら、減量することの意味は大いにあります。ただし、これは短期間しか維持できません。つまり本当の意味での「ダイエット」ではないのです。

これをダイエットの成功だと勘違いして、「やせたから元の生活に戻してOK!」となれば、当然、いつもの生活習慣に合わせて元の体重に戻ってしまいます。

なにかを我慢した生活をしないとや

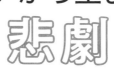

【元の生活に戻すとリバウンド!?】

やせたから、
もう食事制限しなくてＯＫ！

せられない。そんな状態では、「なんでこんなにがんばっているのに体重が減らないの?」というストレスで暴飲暴食してしまいますし、拒食気味になってしまうことも……。そして、自分を責めて病んでしまう人も少なくありません。

何度もいうように、自分を追い込んだ無理な減量をしないと、1カ月に5kgなんてやせるわけはないですし、日常で体重が変動したとしても、それはほとんど、体内の水分量の変化によるものです。

あなたは決してやせても、太ってもいません。習慣が変わってないなら、元のあなたのままです。

Daigo ゆる系トレーナー
@hexagym

セットポイントを正せばリバウンドは起こらない！

　ダイエットを経験してきた多くの女性は、その後のリバウンドも経験しているのではないでしょうか。そもそもリバウンドとは一時的な減量が成功したあとに、元の生活に戻してしまったことで起こる体重の増加です。なぜこのようなリバウンドが起きるのか、本書をここまで読んできたみなさんならわかると思います。

　リバウンドする理由は、あなたのセットポイントが変わっていないからです。

　しかし体重の「セットポイント」は、**自分の意思でコントロールすることはできません。**そのため、セットポイントが60ｋｇのままなのに、食事制限な

【セットポイントを整える4つの要素】

- 適切な食事
  加工食品を減らし、主食と主菜を意識した
  バランスのよい食事を(→P96)
- 睡眠
  睡眠時間が6時間を下回ると、空腹を感じるホルモンが増えるので、
  食べすぎてしまう原因に(→P106)
- ストレスの減少
  過度なストレスは食欲の乱れに繋がるので、
  ストレス発散できる方法を見つけよう
- 適度な運動
  週2・3回の簡単な運動でOK！
  PART2の運動を日々の生活習慣に取り入れて

どで無理やり体重を5kg減らしたとしてもリバウンドするのは当たり前です。

よい食事、適度な運動、睡眠、過度なストレスのない生活がそろったときに、「60kgでいたい」と思っていた脳が「55kgでいたい」とセットポイントを変更するように 命令を出します。そうしてはじめて、リバウンドせずにダイエットを成功させることができたといえるのです。

このように、自分の体に最適な体重を脳が求める状態にもっていきましょう。そうすれば、自然と体は脳の指令に合わせてやせていき、さらにそれを自動的にキープしてくれるのです。

Daigo ゆる系トレーナー
@hexagym

いきなり100点は目標が高すぎて苦しい！

習慣をよいものに変えようと、たんぱく質や野菜の量、サプリをとるタイミング、ジムでの運動管理などをすべて取り入れて１００点を目指そうとする人がいますが、それはちょっと極端だと思います。

これは、ダイエットに励む女性が、無理をしすぎて自滅するときの行動パターンです。ダイエットのために、自分の生き方を窮屈にする必要はまったくありません。窮屈な生活をしていると、いつかどこかで躓いてしまいます。

習慣にできそうな「ちょっと体によいこと」を取り入れるだけでも、80点くらいになると覚えておきましょう。

この80点の生活をキープするためには、

【 間違った思い込みを捨てる！ 】

- 糖質は太る
- 食事の量は「朝＞昼＞夜」にすべき！
- 運動をしない日があると太る
- 食べすぎたらカロリーの調整が必要
- やせるにはサプリメントが必要
- 脂肪を落とすには、有酸素運動が必須
- 「低糖質」「低脂質」「カロリーオフ」食品はやせる

これらのことは
すべてあなたの
「思い込み」です。
気にしなくても
やせられます！

好きなものを食べたり、遊んだりする**余裕がとても大事です。**

なお、巷でいわれている「夜、糖質をとってはいけない」「満腹になるまで食べてはいけない」「朝は必ず食べる」「空腹のタイミングで運動するのはNG」「筋トレの30分以内にプロテインをとる」などといった情報は、実はほとんど意味がないか、せいぜい80点を81点にする程度のこと。

ダイエットが必要だと考えている＝まだ80点の状態にも達していない状態では、**必要ないものばかりです。**

自分の習慣や食生活を見直し、まずは80点を目指すことからはじめていきましょう。

Daigo ゆる系トレーナー
@hexagym

やせるためには、リアルフードを取り入れる

実は、肥満の人が増えたのは、ここ70年くらいの話です。つまり、ここ70年で登場した食べ物には、人間の食欲を乱す仕組みがあるといえます。

食事面の改善の第一歩として、70年前にはなかったような食品を生活から取り除けばOK！　と覚えておきましょう。具体的にいうと、加工食品は避けて、未加工の食品（リアルフード）を選ぶようにするとよいです。

「おばあちゃんが食べ物だと思わないものは食べない」といった考え方がわかりやすいでしょう。人はやせようと決意すると、まず「食事の量を減らそう」とします。でも、それは間違い。ただ闇雲に摂取エネルギー量（カロ

【 増やすべき食品 】

- 茶色い炭水化物（玄米・全粒粉・十割そばなど）
- 脂身の比較的少ないお肉
- 魚介類
- 卵
- 海藻
- 発酵食品
- 野菜
- 生の果物
- きのこ類
- ナッツ、種実類

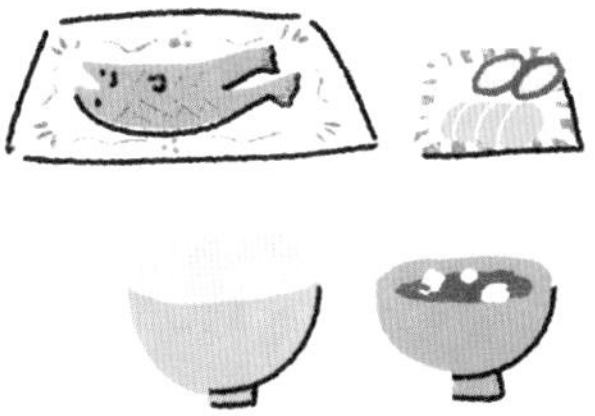

リー）を減らしても、体は今の状態を維持するために、消費エネルギーを減らすか、もしくは食欲が増えるように働きます。この働きには、単に意思の力だけで逆らうことはできません。**食事は「減らす」のではなく、「質を変える」のが重要。**毎日、つい選びとってしまう食品を「増やすべき食品」に変えていきましょう。ただし、体は極端な変化を嫌うもの。変えるなら、少しずつ。例えば、一番取り入れやすい朝ごはんから試してみるのがおすすめ。いつもより野菜を多くとった、たんぱく質を多くとっただけでも平均点アップです。少しずつ自分の習慣にして、平均点を上げていきましょう。

Daigo ゆる系トレーナー
@hexagym

栄養学では判明していない未知な成分にも意味がある

　栄養のバランスがとれたプロテインバーを食べているから大丈夫！　と思う人もいるかもしれません。ですが、実はそれらにも問題があります。

　プロテインバーなどの加工食品は、栄養素を人工的に抽出したり添加したりした食品です。その作業工程のなかで、本来は体にとって有益な成分もすべて捨てています。リアルフードには、私たちがまだ認識していない未知の成分も多く含まれており、それらをそのまま食べることと、加工して特定の栄養素のみ摂取することとでは、人体に与える影響はまったく違うものになります。

　人間の体の細胞は、体に入ってきた

【加工食品が体に及ぼす悪影響】

①腸内環境の乱れ
悪玉菌が優勢になることで
便秘や自律神経の乱れなどの原因に

②ホルモンバランスの乱れ
食欲の乱れや代謝不良、
イライラや生理不順の原因に

↓

「セットポイントの乱れ」につながる

栄養、カロリーが足りているのに
食べすぎてしまう状態に……

食べ物などの外部からの情報を交換しあって、代謝や食欲の働きを精巧にコントロールしバランスを保っていますが、加工食品などの現代食にまだうまく反応できません。そのため加工食品を繰り返し摂取し続けるうちに細胞がダメージを受け、次第にホルモンバランスが悪化し、腸内環境や自律神経も乱れ、本来の精巧なバランスは失われていきます。そしてその結果が、「セットポイント」の乱れと、それが反映された「現在の体重」です。コンビニ食や外食を減らし、リアルフードを食べるようにするだけで、セットポイントが修正され、簡単に体重が落ちる人も珍しくありません。

Daigo ゆる系トレーナー
@hexagym

じゃあ、普段の食事は なにを 食べるべき？

それでは、リアルフードで糖質、脂質、たんぱく質をバランスよくとるにはどうすればいいのか……と悩んでしまいそうですよね。特に料理が苦手な人には、ハードルが高いように感じるかもしれません。しかし、実は気をつけてとりたい「メイン食材」はたった2種類だけ。それは「糖質源（主食）」と「たんぱく源（主菜）」です。そのほか、体に必要な脂質はもちろん、ビタミンやミネラルも、基本的にたんぱく源である肉や魚から補うことができます。

なお、たんぱく質をとれる食材は5種類あります。肉や魚以外にも卵、乳製品、大豆製品もたんぱく質が豊富ですが、基本的には肉か魚をメインにし

【体に必要なメイン食材】

たんぱく質

- 肉
- 魚介類
- 卵
- 乳製品
- 大豆製品

基本的には、
肉か魚をメインにした
献立が
おすすめです！

茶色い糖質

- 玄米
- オートミール
- 全粒粉
- 十割そば

白い糖質

- 白米
- うどん
- パスタ
- 食パン

て、卵、乳製品、大豆製品をプラスアルファとして添えると、献立としてイメージしやすいでしょう。

　これさえ決まれば、あとはどんな糖質をとるかだけを考えればOKです。糖質は白いものよりも茶色いものが理想的です。玄米、オートミールなどが優秀な食材ですが、そこまではちょっと……という人はまずは白いご飯でもOKです。また野菜をしっかり食べると食欲の乱れが改善されるため、食べすぎを防ぐことができます。積極的に食べるようにしましょう。果物もおすすめです。メインは肉か魚料理にして、白い糖質をなるべく茶色に置き換えれば、健康的な食事の完成です。

Daigo ゆる系トレーナー
@hexagym

理想的な食事の組み立て方を理解しよう！

朝に食べるべき、もしくは逆に夜に食べるべき食材というものは特にありません。組み立て方は3食共通で大丈夫です。

まずは、基本となる「主食＋主菜」が用意できればOKです。主食である糖質は、お茶碗1杯程度を目安にしましょう。主菜は肉か魚を１００ｇ（手のひら1枚分）ほど食べればOK。これだけだと物足りないので、さらに「副菜、スープ」まで用意できれば理想的です。サラダで食物繊維、スープで水分を足すことで食欲をコントロールできます。余裕があれば副菜をもう一品足してもよいでしょう。

しかし、仕事でお昼はコンビニや外

【 コンビニフードの鉄則！ 】

- 『野菜・海藻・きのこ』などが豊富なものを選ぶ
- なるべく原型に近いものを選ぶ
（ハンバーグよりもサラダチキンやゆで卵など）
- 味付けが無駄に濃くないものを選ぶ
- 一品ですませられるもの（丼もの）に注意
- 揚げ物に注意
- 副菜のサラダはオイルのドレッシングを使うものに注意

食ですませてしまう……という人も多いのでは？　お昼がコンビニの人は、「おにぎり1個＋肉か魚の惣菜＋サラダ＋カップ味噌汁」で百点です。

ちなみに、朝はエネルギーになりやすいから菓子パンや甘いものを食べてもＯＫというのは嘘。むしろ、血糖値がいきなり上がることで、食欲が暴走しやすくなります。

なお、朝食を食べられない場合は2食にしても問題ナシ。体が飢餓状態になるとよくいわれますが、1食抜いたくらいでは、飢餓状態にはなりません。ただし、その分昼と夜はしっかりと必要な栄養素が摂取できるような食事にしましょう。

Daigo ゆる系トレーナー
@hexagym

食べすぎてしまった日があっても気にしない！

会社の飲み会や友達と行ったケーキバイキング……そんな「食べすぎてしまった日」をリセットする方法はあるのでしょうか。

残念ながら、**「食べすぎた翌日の対処法」は存在しません。**たしかに翌日はむくみや胃の内容物、便などで体重は大幅に増えたり減ったりしますが、たとえ１日の摂取カロリーを８００ｋｃａｌオーバーしていたとしても、増加する脂肪はたったの１００ｇ程度です。なにか魔法のような対処法をしなくても、本来、体重はセットポイントにより勝手に元に戻ります。つまり、食べすぎた翌日に、無理をして食事量を減らす……といった行為は、まった

【食べすぎた翌日のNG行為！】

今日甘いもの
いっぱい食べるから
その分、明日はご飯
抜けばいいや…

く意味がないのです。慌てずに、いつもの生活を送ってください。

セットポイントが乱れていなければ、自分が気づかないレベルで自然と食欲が減ったり、自然と活動量が増えたりと、ある程度の期間をかけて自動的に体重が調整されていきます。

そもそも、ダイエットは最終的に「習慣」の積み重ねなので、食事や運動で一気に取り戻そうという発想自体がナンセンス。特に「我慢して食べる量を減らす」のは体に罰を与えることになり、それがストレスを引き起こして逆効果になることも。ただし、翌日に自然と食欲がわかないということはあるので、それに従うのはアリです。

Daigo ゆる系トレーナー
@hexagym

食べる回数が多い人ほど結局は太っている！

食べる回数が多い人は、一回の量を少なくしているつもりでも、結局はトータルで食べすぎる傾向にあります。ランチの量は制限しているのに、会社のデスク周りにおやつを置いて、仕事の合間に食べたりしていませんか？

　このような**間食も、体のセットポイントを狂わせる原因のひとつ**です。食欲がわくホルモンのなかのひとつであるグレリンは、習慣づけた食事の時間になると分泌する性質があります。

　つまり、3時のおやつを食べる習慣がある人は、その時間になると、自然とお腹がすいて食べたくなってしまうのです。1度、このような習慣ができてしまうと、なかなかやめることがで

【 間食へのハードルを上げる方法 】

- **おかしを目の見えるところに置かない**

→ いちいち、取りに行くという手間がかかるため、すぐに手がのびないようになる。理想は、家や職場におかしを置かないこと！

- **コンビニやドラッグストアなどに目的もなく行かない**

→ コンビニなどでは、ついおやつを買ってしまいがち。行く頻度を減らすことが大切

- **おやつを食べたくなったら、違う行動を起こす**

→ 掃除や散歩だけでなく、歯磨きなどの行動でもOK！これにより、習慣づけをなくすことができる

きません。そこで、まずはおやつを食べるためのハードルを高くしてみましょう！　例えば、3時のおやつの習慣がある人は、散歩に行く、掃除をするなど別の行動に置き換えてみましょう。2、3日すると、ホルモンは次第に出なくなります。

机におやつを置いている人は、見ると食べたくなるので棚のなかへ。上の図のように、少しでもハードルを上げると、手が伸びにくくなります。夕食まで間があるときなど、どうしても必要なときは、ナッツや茹で卵、生の果物などがベターです。ただ基本的に、6時間ぐらいの空腹には慣れるようにしておくとよいです。

Daigo ゆる系トレーナー
@hexagym

カロリーは あくまで目安！ 振り回されては意味がない

摂取カロリーを計算して管理すれば、やせそうな気がしますよね？　ですが、ほとんどの人にとってカロリー計算は必要ありません。なぜなら、カロリー計算をしてしまうと、その数値だけに固執してしまい、体がエネルギーを必要としているのに我慢してしまったり、ローカロリーだから……と食べすぎてしまったりするからです。

しかも、表示されているカロリーは、あくまで平均値です。同じ肉でも、脂身の分量ひとつでカロリーは変わってしまいます。あまりアテにならないので、参考程度にし、とらわれすぎないようにしましょう。

カロリーを計算することに意味はあ

【カロリー計算とレコーディングの違い】

カロリー計算

日付		食事	カロリー
○月○日	朝	菓子パン	389kcal
	昼	サラダチキン おにぎり１個	130kcal 190kcal
	夜	パスタ	378kcal
○月○日	朝	なし	
	昼	ラーメン	502kcal
	夜	さんまの 塩焼き定食	752kcal

カロリーの数値は、あくまで平均値！
正確ではないので、気にしないでOK

レコーディング

日付		記録
○月○日	朝	オートミール 忙しくて主菜がなかった！反省！
	昼	オムライス＋サラダ
	夜	焼き肉！　飲み会！
○月○日	朝	バナナとヨーグルト 昨日の焼き肉で食べすぎたかも…？
	昼	豚の生姜焼定食
	夜	カレーライス 単品だけだとつい食べすぎる！ 次からは野菜と汁物をつけるようにする！

日々の体調や食欲との関連を記録することで
どういう生活が太る要因になるかがわかる！

りませんが、食べたものを記録することと自体は有効です。それにより、自分が普段無意識にどういったものをどういう頻度で食べているのか、加工食品や外食にかたよりすぎていないかなどを、客観的に分析することができます。なお、記録するときは、食事だけでなく、そのときの食欲の感じ方や体調、気分なども書き入れるのがコツです。これを継続していくことで、自分の体（体調）と食べ物の相性を理解できるようになっていきます。

　世間的に体によいといわれているものが、自分にとってもよい影響を与えるものなのか。実際にわかるのは、自分だけなのです。

Daigo ゆる系トレーナー
@hexagym

睡眠不足は余分なカロリーを溜め込む

睡眠はなにを食べるかと同じくらい、セットポイントを正すのに大きくかかわる部分です。

実は睡眠時間が減ると、空腹を感じるホルモン（グレリン）が増える一方で、食欲抑えたり、代謝を上げたりするホルモン（レプチン）が減ります。

つまり睡眠不足によって、エネルギー不足だと錯覚した脳が過剰なエネルギーを求めはじめるのです。

また、脳の正常な判断力が低下することで、長期的なメリットよりも目の前の快楽を優先するようになります。

その結果、高カロリーなジャンクフードばかり食べたくなってしまうなんてことも……。

【よい睡眠をとるための秘訣！】

- 寝る前にスマホやパソコンを見ない（せめてブルーライトをカットする）
- 朝、きちんと起きて太陽の光を浴びる
- 寝室はしっかりと暗くして寝る
- 起床と就寝のサイクルを一定に保つ
- ベッドの上では寝る以外のことをしない
- 運動を就寝の直前にはしない
- お風呂は寝る90分前くらいに入ると◎
- 寝る3時間前までには夕食をすませる

そのほか、睡眠中には脳の老廃物の除去や体の修復作業も行われています。健康な体のシステムを維持するには睡眠がどうしても必要なのです。少なくとも1日6時間、できれば7時間くらいは睡眠をとるようにしましょう。

なお、疲れているのに眠れない人は、自律神経の働きが乱れて、緊張状態がずっと続いてしまっているのかも。質のよい睡眠をとるためには、いかに夜リラックスできるかが重要です。なかなか眠れないという人は、上の図で紹介したもののなかから、できそうなものを取り入れてみてください。質のよい睡眠で、脳も体もしっかりリセットできる習慣を身につけましょう。

Daigo ゆる系トレーナー
@hexagym

よいダイエットをしていれば危険信号など出ないモノ！

無理のあるダイエットをしている場合、心がつらいと自覚するよりももっと前に、体がSOSを発信しています。ダイエットをはじめる前と比較してみて、次の自覚症状が出ていたら要注意です！

- 眠れなくなった
- 疲れやすい
- 便秘がひどい
- 生理不順
- 食べ物のことばかり考えてしまう
- 「ご褒美」というワードが出てくる
- イライラしがち
- 冷え性が加速する
- 自分のことが好きになれてない
- なんなら嫌いになってる

ひとつでも思い当たるものがあったら、心も体もSOSを発信していると

【体のSOSを見逃さない！】

無理のないダイエットで
心も体もキレイ！
食事も我慢してるのに、
全然やせない！

いう証拠！　正しくダイエットしている人は、どんどん体調もよくなるのでこんな事態には陥りません。当てはまる人は、体重や体型だけに固執していて、大事なことを見落としている可能性が高いです。手段と目的が逆になり、1度、やせるために不幸になることを受け入れると、どんどんダイエットの沼から抜け出せなくなります。

　ダイエットは自分がより健康に、より美しくなるために、体によいことをプレゼントしてあげるのが原則。「自分の体が喜ぶことをしてあげられる自分」に変わっていっているのであれば、本来はどんどん自分のことが好きになるはずなのです。

すべてのダイエッターに 送る言葉

あくまでも最終的な目標は「見た目がよくなること」なので、
体重を減らすことだけに
固執してはいけません。

10kgやせたのに5kgリバウンドしたってなると
悲観的になる人が多いけれど、
その状態で安定したのなら
『5kgやせた状態の習慣は
身についている』ので、
以前の自分より進歩している!と、
もっとポジティブに捉えていいと思う。
逆にいうと『10kgやせた状態の習慣は身についていない』し、
それ以上でもそれ以下でもない。

『最も効率的で最短で結果を出す方法』のためにガチガチにルールを決めて、
それを完璧に守れない自分を責めて1ヶ月で挫折するよりも、
『そこそこに効果が出る方法』を
一生続けたほうがやせますよ。

ダイエットにおいて絶対に外せないポイントは

「自分が満足するまで食べる」こと。

ここを念頭に置かないとほとんどのダイエットは失敗します。

成功するダイエットの秘訣は、

「満足するまで食べたうえでやせる」

状態にもっていくことです。

体はあらゆるサインを

出してくれているので、

それをただ「無視」したり

「抵抗」したりしてもうまくはいきません。

サインを見逃すような、

自分に無頓着な状態

のままでは、

ダイエットの成功は

ありえません。

やせていて、

美しい人はみんな「幸せ」なのか。

そもそも「やせると美しい」のか。

やせていない人、美しくない人は

「幸せ」ではないのか。

そもそもあなたにとっての、

- **やせの基準**
- **美しいの基準**
- **幸せの基準** を明確に。

リバウンドっていうと体型の変化にばかり目がいきがちですが、

体型が戻ったのは**「習慣が元に戻った」**および

「習慣を変えられなかった」結果というだけ。

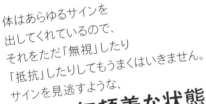

「短期間だけがんばる」と一時的に外見は変わりますが、
「あなたの内面」が変わってない限り
長期的には元の外見に戻ります。

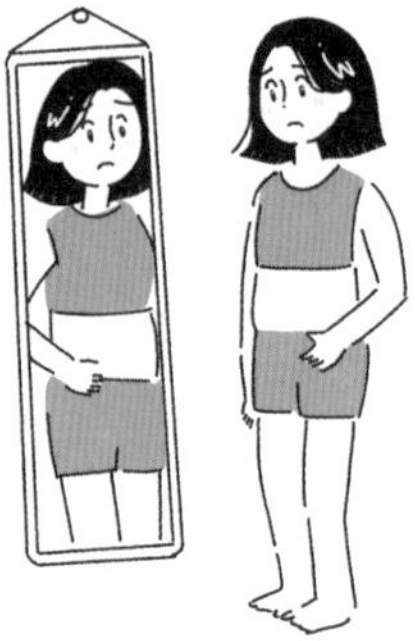

「やせること」が人生の中心になり
恋人、家族、友人との食事を
一緒に楽しむ時間などにストレスを感じたり
「人生の楽しみ」を犠牲にするのは
本末転倒。

ダイエットに成功するには最低でも
「心が安定している」ことが
必須条件です。
ダイエットすることそのものが、
心を乱している状態では成功は難しい。
SNS上の他人の虚像に振り回されたり、
周りを気にして焦ってしまったりするのは
もったいないです。
いつでも比較対象は
「過去の自分」だけでよいのです。

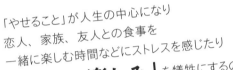

PART 4

プラスアルファの筋トレで美BODYに

筋トレは体にメリハリを作るためにするもの。
本書をここまで読んできた方なら理解できているはずですよね。
そこで、本章はもっとメリハリをつけたい！
という方におすすめのストレッチと筋トレをまとめています。
WEEKLY PROGRAMに追加して行ってみてください！

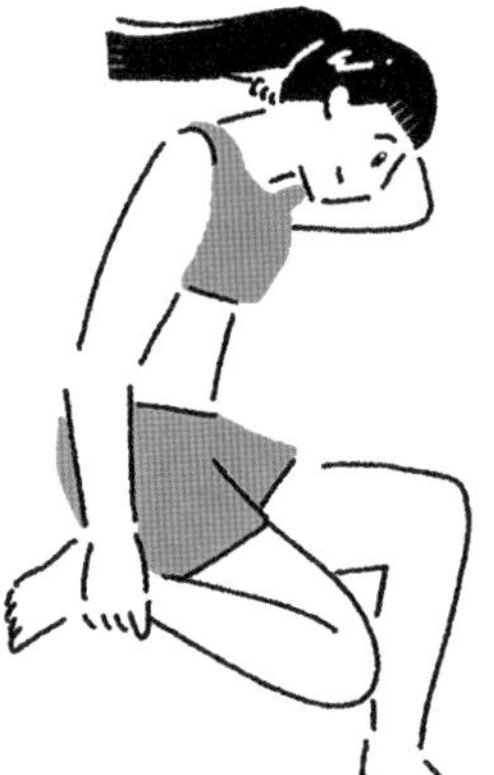

体の動きを整える！

プラスアルファのストレッチ＆筋トレ集

PART2で紹介している筋トレがたった6種目でよい理由は、そのひとつの種目にあらゆる関節や筋肉の動作が含まれている『難しい動き』だからです。複雑な動きだからこそ、あらゆるパーツに効くので、たくさんの種目をこなす必要がないのです。

そして紹介しているものはすべて、PART1で体の姿勢をキレイに保つために重要だと説明した、『肩甲骨』と『股関節』を正す動きになっています。

正しくできているか不安な人や、『お腹が出ている！』、『太ももが太い！』といった個別のパーツにより効く動きをプラスアルファで取り入れたい人は、これから紹介するストレッチや筋トレを追加してみてください。

体のパーツや肩こり・むくみなどの悩みがある人は以下のストレッチをプラスしましょう。
自分にあてはまるものをチェックしてみて！
テレビを見ているときなど、隙間時間にストレッチを取り入れてください。
ストレッチを続けていけば、体が動かしやすくなるのがわかるはずです。

ストレッチ 首①

▶P116 をすべき人！

- 首が短く見える
- 肩が上がりやすい
- 肩がこる

ストレッチ 首②

▶P118 をすべき人！

- 頭が前に出ている
- 上や横を向きづらい
- 肩がこる

ストレッチ 脚の付け根

▶P120 をすべき人！

- お腹がぽっこり出ている
- 腰が反っている
- お尻に力が入りづらい

ストレッチ 前もも

▶P122 をすべき人！

- 前ももが張っている
- お腹がぽっこり出ている
- お尻に力が入りづらい

ストレッチ 裏もも

▶P124 をすべき人！

- お尻が垂れている
- 座ると骨盤が寝てしまう
- 腰が丸まりやすい

ストレッチ ふくらはぎ

▶P126 をすべき人！

- ヒールを履くことが多い
- むくみやすい
- 足首が硬くてしゃがめない

ストレッチ 外もも

▶P130 をすべき人！

- 外ももが張っている
- 動くとき膝が内に入りやすい
- 膝に対して爪先が外側を向いている

WEEKLY PROGRAMで紹介している
筋トレで以下の悩みがある人は、
より基礎的な動きから取り入れましょう。

トレーニング中の悩み

- すぐに腰が反る、
  または反りすぎてしまう
- 脇の下で押すという感覚が
  わからない

↓

チェストリフト（P132）
バードドッグ（P138）
からスタートしよう！

トレーニング中の悩み

- すぐに膝が
  内側に入ってしまう
- 股関節を動かすという
  感覚がわからない

↓

クラム（P134）
ヒップリフト（P136）
からスタートしよう！

首①

左右30秒キープ
×
1日1〜2回

どうしてこんなふうになるの？

首は頭を支えるために、必死でがんばっている部位。頭が前に出れば出るほど、首に負担がかかって肩コリなどの原因に。デスクワークが多い人は、どうしても長時間同じ姿勢になるので、首の筋肉が過剰に働きがちです。そうすると、背中の下側や脇の下の筋肉は働けなくなるため、肩甲骨を元の位置に戻せない状態になります。その結果、首が短く見えるのです。

MOVE A

手を後ろに回して肩を下げ、首を横に倒す。30秒キープする。

首を横に倒したときに、肩が上がらないよう注意。
伸ばす側の鎖骨が下がるのを意識して。
背骨はまっすぐをキープ。

Q 手は必ず後ろに回さないとダメなんですか？

A この動きは鎖骨を下げるようにするのがポイント。手を回さなくても鎖骨を下げることはできますが、後ろに回すことで下げやすくなるんです！

地味な動きなのに効く！仕事中でもできそうですね。

MOVE B

腕を上げておき、首を横に倒してから、鼻を肩につけるようにし、首をひねる。30秒キープする。

首の裏側が伸びているのを感じて。
肩が下がっていることがポイント。P55を参考に脇を締めて肩を下げよう。
ひじは体より少し前に出して壁につける。
鼻を肩につけるようなイメージで首をひねり、目線は下に向ける。

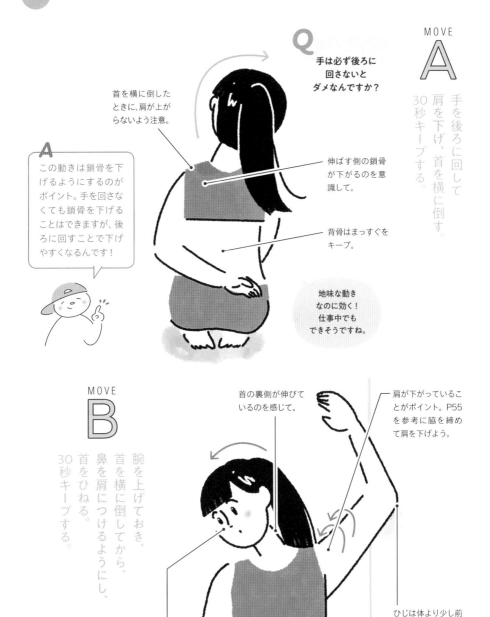

STRETCH MENU

ストレッチで体の悩みを解決！

首②

左右30秒キープ
×
1日1～2回

上や横を
向きづらい
頭が前に
出ている
肩がこる

どうしてこんなふうになるの？

長時間のデスクワークにより、頭が前に出た、いわゆる「スマホ首」になっている人が多いです。こういった人は、頭を後ろに引くことができず、アゴでしか上を向けないのが特徴。背中の上側の動きが悪くなり、腰を反って上を向くクセがついていることで、肋骨の下側が常に開き、くびれもなくなります。この部分をケアすると、ウエストが細くなる土台ができます！

STEP 1

胸鎖乳突筋を指でくるくるとマッサージする。

ここをマッサージする。

STEP 2

頭と首の付け根の凹んでいるところをほぐす。

頭と首の付け根の間に
指を入れ、やさしくもむ。

STEP 3

手を首の下側につけて、皮膚を下に引っ張りながら上を向き、その後首を横に倒して、目線をななめ上に向ける。30秒キープする。

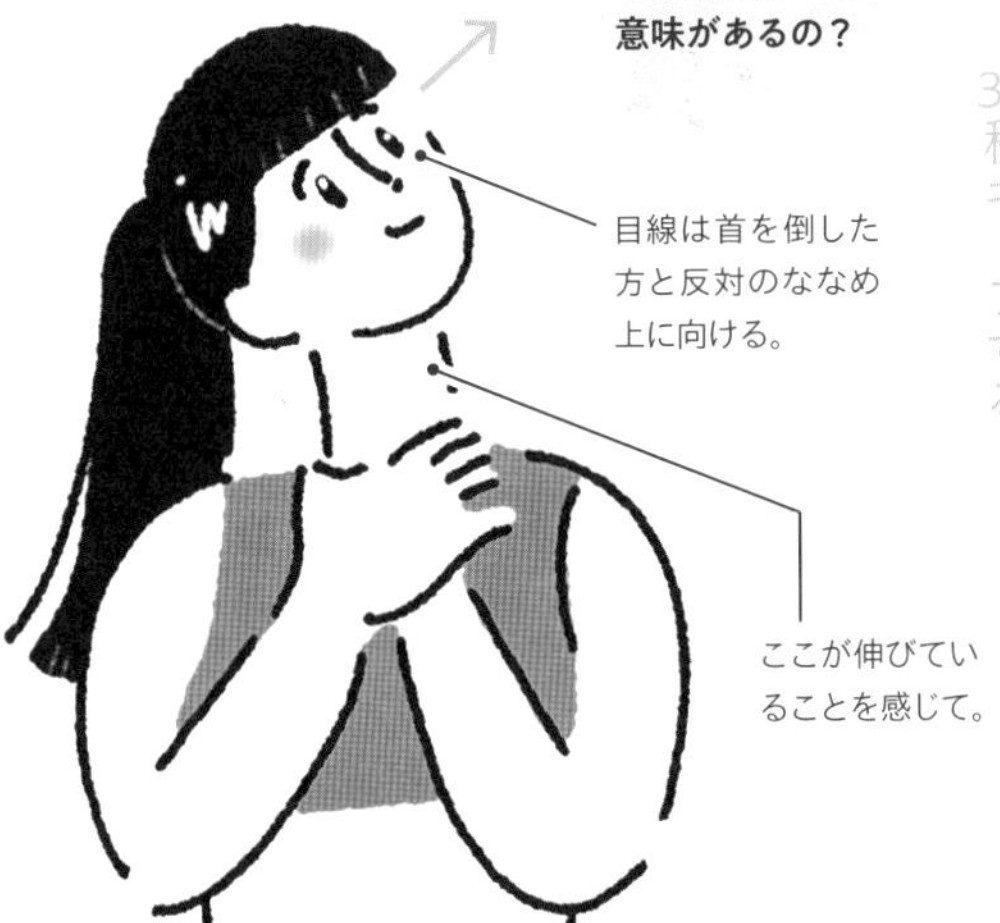
目線は首を倒した
方と反対のななめ
上に向ける。
ここが伸びてい
ることを感じて。

Q 手を胸の前で組むのには、なにか意味があるの？

A 手を組むというよりは、手で首の下あたりの皮膚を下に引っ張ることがポイント。そうすることで、首周りの皮膚についている筋肉も一緒に伸びます。

STRETCH MENU

ストレッチで体の悩みを解決！

脚の付け根

左右30秒キープ
×
1日1～2回

腰が反っている
お腹がぽっこり出ている
お尻に力が入りづらい

どうしてこんなふうになるの？

太ももの付け根が硬いと、股関節をまっすぐに伸ばせなくなります。股関節をまっすぐ伸ばせない人は、歩くときに脚を後ろに蹴り出す動作ができません。その分、過剰に脚や腰をひねって歩くといった、本来の体の使い方ではない不自然な動きをしてしまいます。こういった人は、お尻やお腹の筋肉も使いづらくなり、反り腰やぽっこりお腹になりやすいのが特徴です。

STEP 1

両方の膝は90度を目安にして片膝立ちになる。

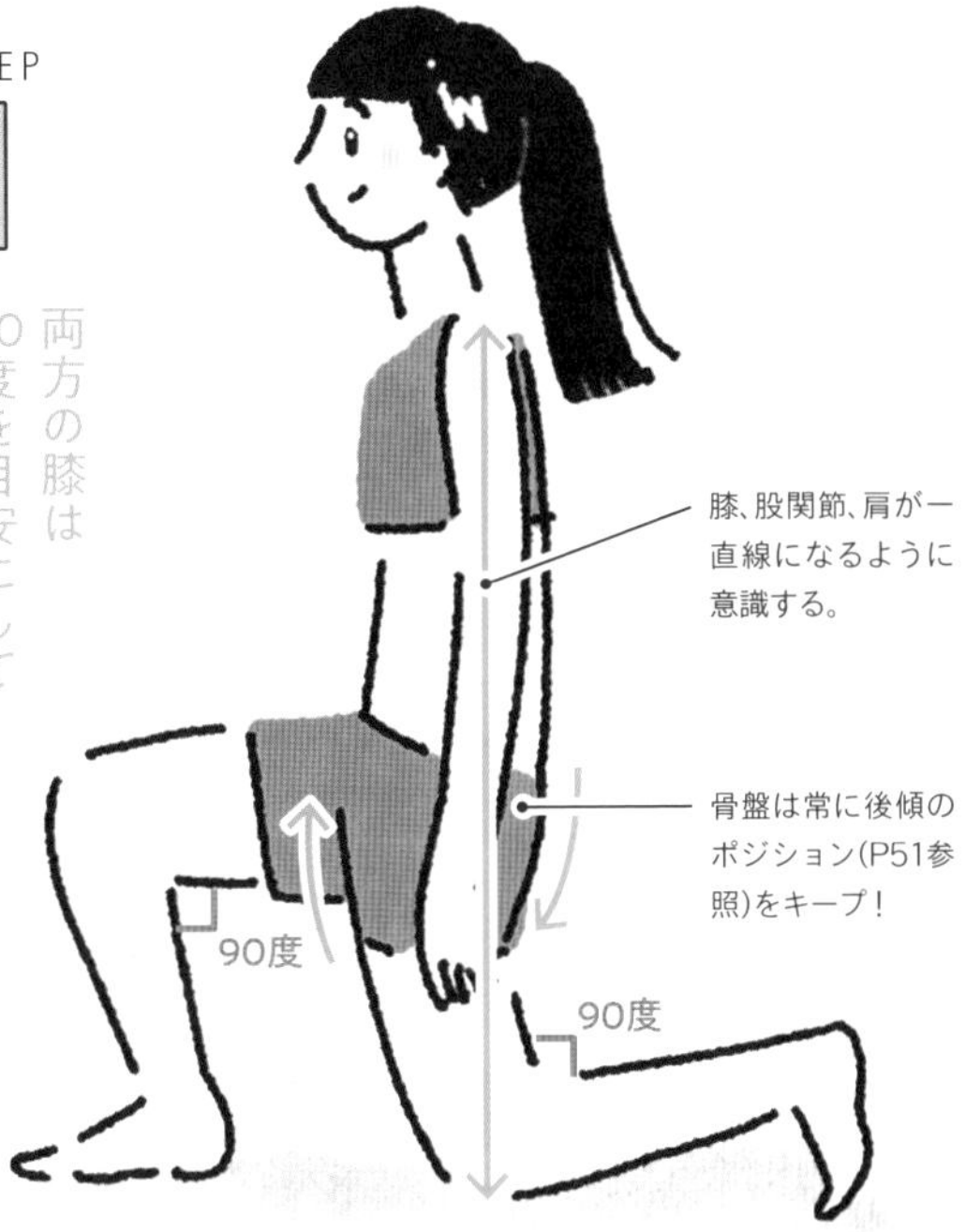
膝、股関節、肩が一直線になるように意識する。
骨盤は常に後傾のポジション(P51参照)をキープ！
90度
90度

STEP 2

骨盤の後傾をしっかり保ったまま、手を上げて背骨を横に倒す。30秒キープする。

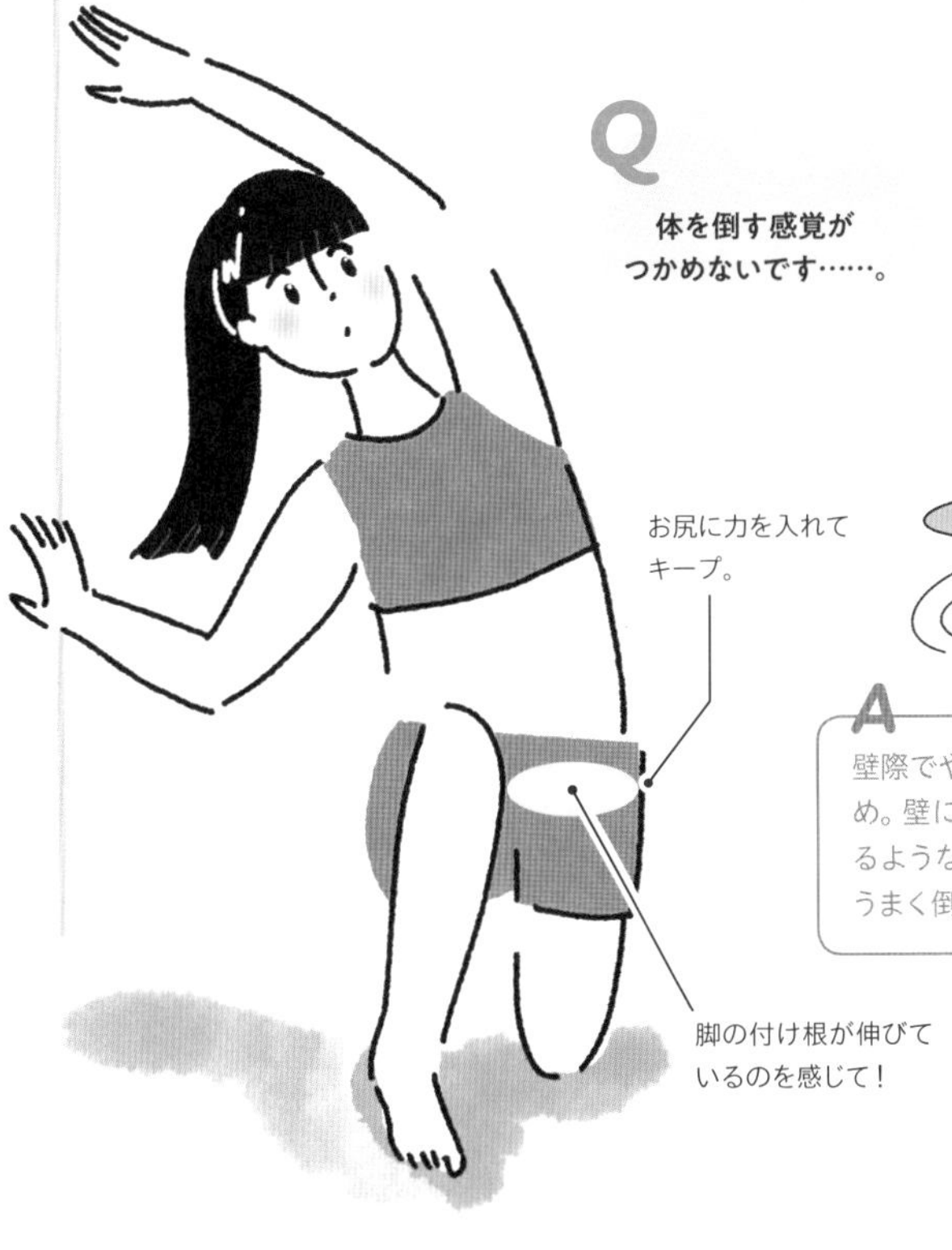
お尻に力を入れてキープ。
脚の付け根が伸びているのを感じて！

Q

体を倒す感覚がつかめないです……。

A

壁際でやるのがおすすめ。壁に手をタッチするような感覚でやると、うまく倒せるはず！

STRETCH MENU

ストレッチで体の悩みを解決!

前もも

左右30秒キープ
×
1日1～2回

前ももが
張っている
お腹がぽっこり
出ている
お尻に力が
入りづらい

どうしてこんなふうになるの?

骨盤が前傾し、いつも膝をピンと伸ばしすぎている人は、前ももの筋肉が短く硬くなっています。股関節をまっすぐ伸ばせないため、お尻や裏ももの筋肉が使えずに弱くなりがち。前ももだけに負荷をかけて動くクセがあるため、前ももの筋肉だけが発達していき、太ももが太くなります。脚の付け根が硬い人と同じように、下腹もぽっこり出やすいのが特徴です。

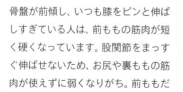

Q

骨盤を後傾させると背中が曲がってしまいます。

A

恥骨をつき出すのを意識すると、骨盤の後傾がやりやすくなります。逆に骨盤が後傾していないと、前ももが伸びません。むしろ、しっかりと背中を丸めることを意識して。

STEP 1

横向きで寝て、手で足首をつかみながら、骨盤を後傾させる。

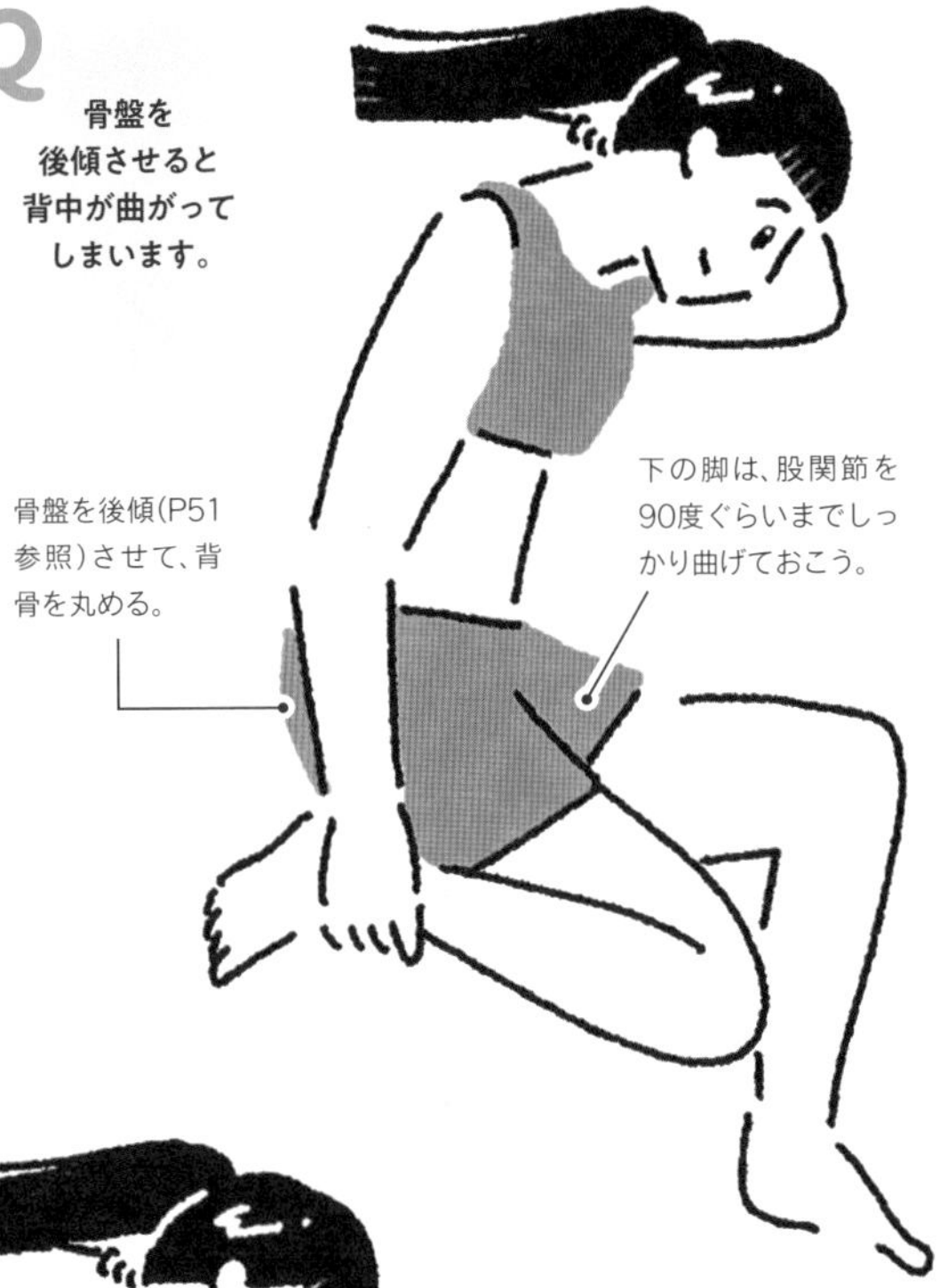
骨盤を後傾(P51参照)させて、背骨を丸める。
下の脚は、股関節を90度ぐらいまでしっかり曲げておこう。

STEP 2

骨盤の後傾をしっかりキープしたまま、つかんだ脚を後ろに引く。30秒キープする。

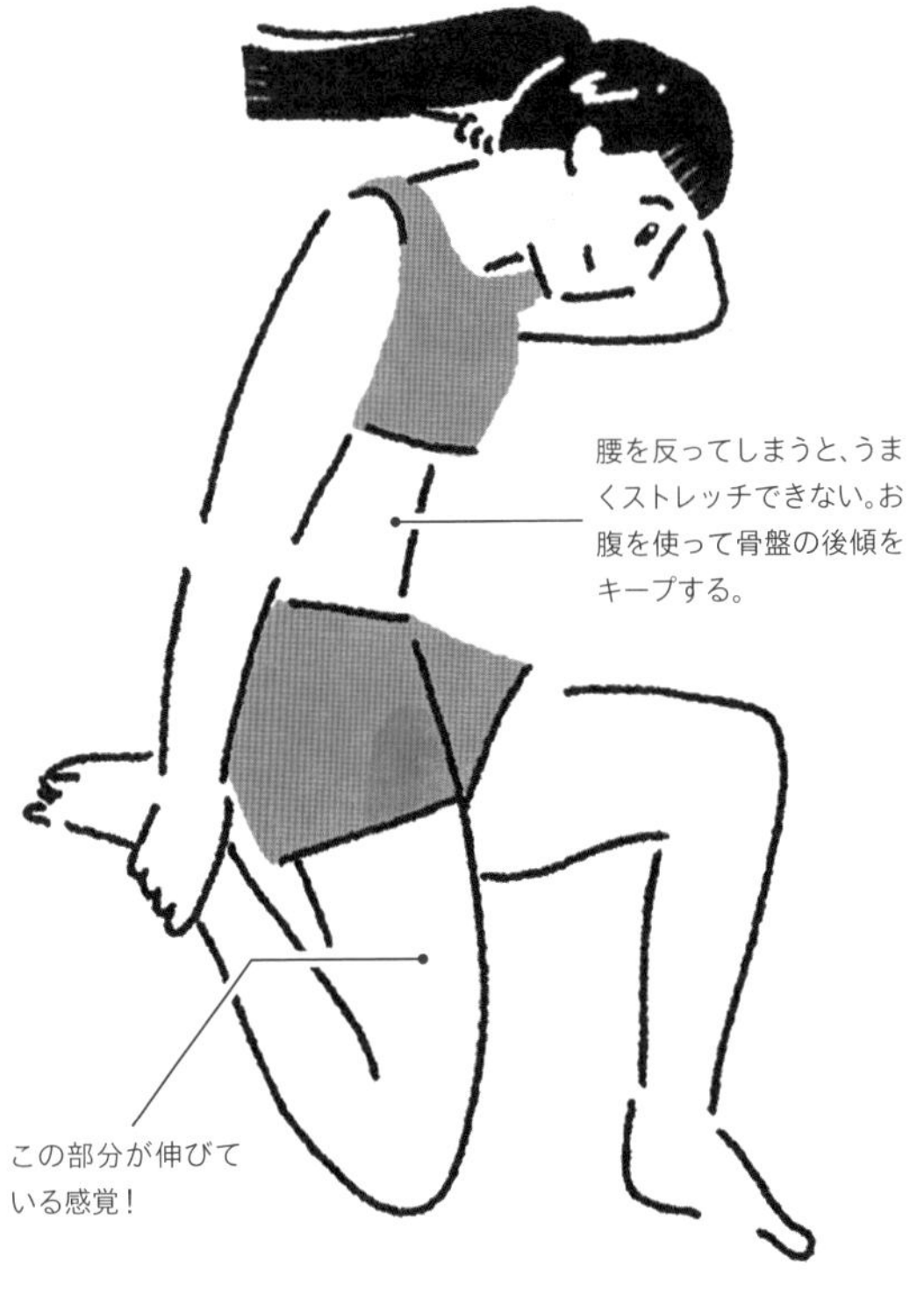
腰を反ってしまうと、うまくストレッチできない。お腹を使って骨盤の後傾をキープする。
この部分が伸びている感覚!

STRETCH MENU

ストレッチで体の悩みを解決！

裏もも

左右30秒キープ
×
1日1～2回

座ると骨盤が
寝てしまう
腰が丸まり
やすい
お尻が
垂れている

どうしてこんなふうになるの？

裏ももが硬く、骨盤が後傾している人は、お尻の筋肉が下方向に引っ張られるため、お尻が垂れて見えます。こういった人は、ヒップヒンジ（P76）やスクワット（P74）でも、腰が丸まってしまい正しい動作ができません。なお、骨盤が前傾しているタイプでも、裏もも内側と外側の硬さに差があると、これが膝のゆがみの原因になり、脚のラインを崩している可能性が。

STEP 1

伸ばすほうの脚を前に出して、もう片脚の膝はなるべく後ろにつける。

STEP2で後ろに動かしてもよいので、はじめの位置はあまり気にしないでOK。

STEP 2

骨盤を前傾させながら、お尻を後ろに引き、前に出した脚の膝を伸ばしていく。30秒キープする。

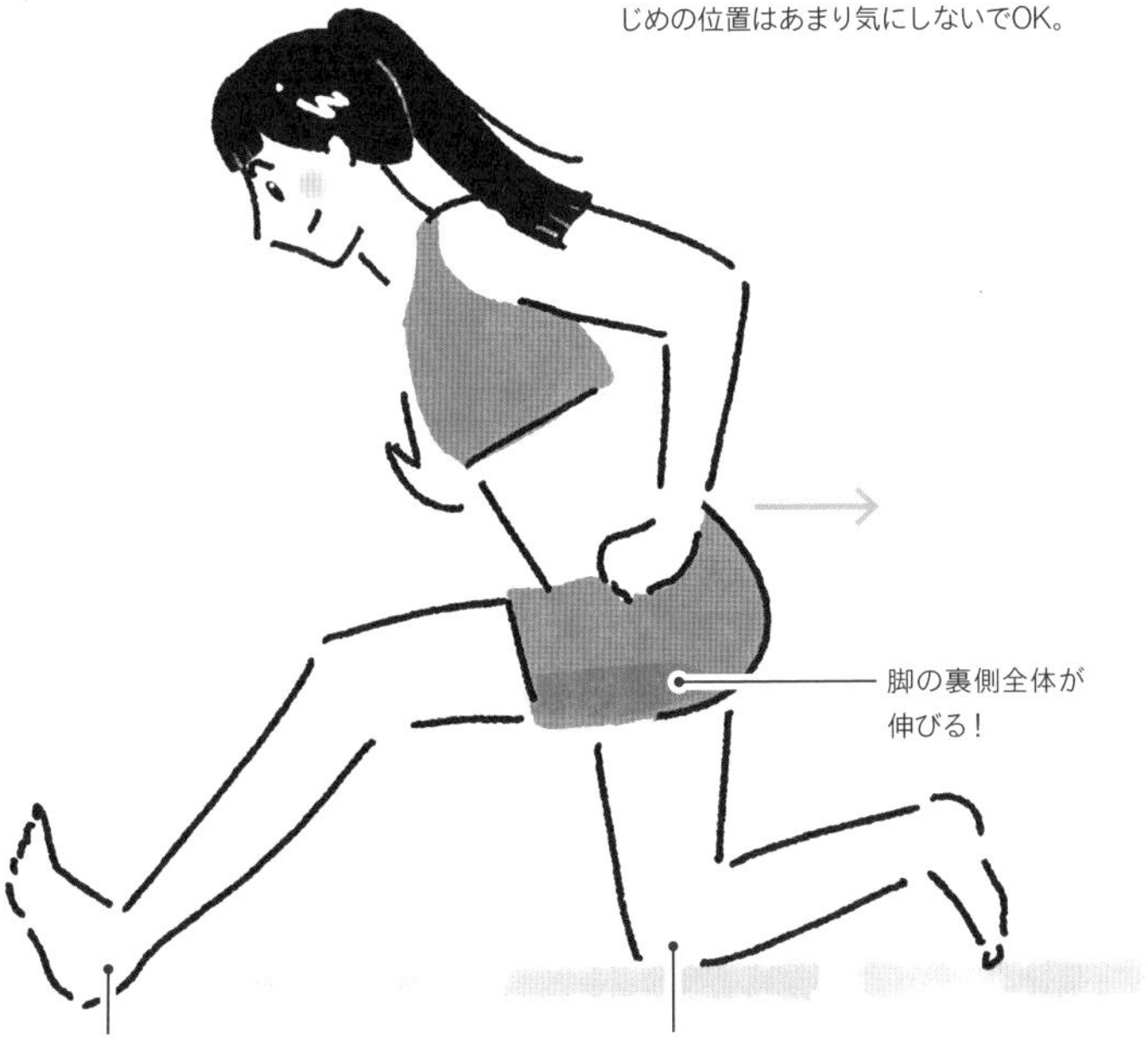

足首は爪先が下がらないように、しっかり曲げておく。かかとを床にひっかけるイメージでやってみて。

膝がお尻より後ろにあるとやりやすい。よい位置に調整してみて。

STRETCH MENU

ストレッチで体の悩みを解決！

ふくらはぎ

左右30秒キープ
×
1日1～2回

足首が硬くて
しゃがめない
むくみやすい
ヒールを
履くことが多い

どうしてこんなふうになるの？

女性のふくらはぎが硬くなりがちなのは、ヒールの高い靴を履いたあとにそのまま放置しているから。ヒールを履いていると爪先をずっと下に向けた状態が続き、足首もふくらはぎもそのまま固まってしまいます。その結果、足首の機能が正しく働かず、代わりに股関節や膝関節を不必要にひねるしかなくなってしまい、脚全体のねじれにつながっていくのです。

STEP 1

片脚を踏み出して、両手を壁につける。

爪先は真正面に向けて。膝が内に向かないよう注意。

STEP 2

壁をぐっと押して、後ろ脚のふくらはぎを伸ばす。30秒キープする。

より深く体を傾けると、さらにストレッチできる。
ここがぐっと伸びるのを感じて！
余裕があれば、脚の位置をさらに後ろへ。

Q **ちょっと押しただけで、ふくらはぎが痛いんですが……。**

A 痛みを感じるのは、それだけ筋肉が縮こまっているということ。P128-129のほぐしを先に行うと、この動きもスムーズにできるはず。

ふくらはぎプラスアルファ

Q

ふくらはぎのストレッチの前に必ずやらないとダメですか？

MOVE

A

足をつかんで足首が動かないように固定したら、かかとだけ左右に動かす。

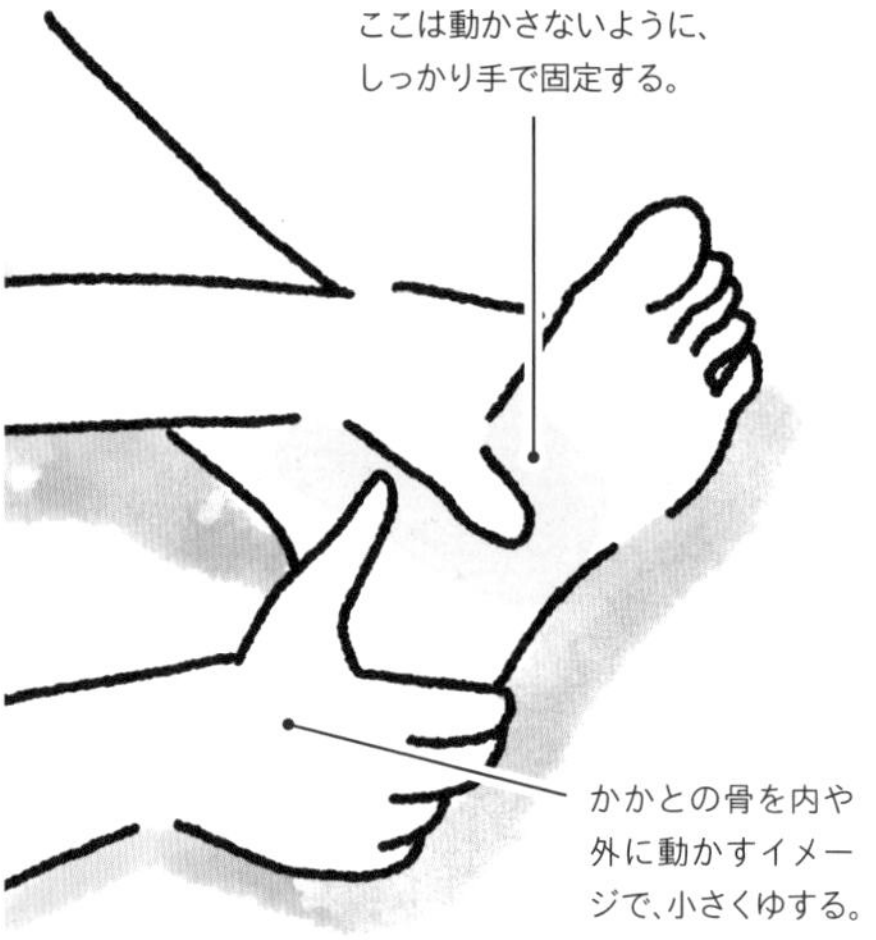

ここは動かさないように、しっかり手で固定する。
かかとの骨を内や外に動かすイメージで、小さくゆする。

A

必ず、というわけではありませんが、プラスアルファを取り入れるとストレッチしやすくなります。単に気持ちもいいと思うので、テレビを見ながらなど空き時間にやるのがおすすめです。

MOVE

B

かかと上の凹んでいる部分を、くるくるともむ。

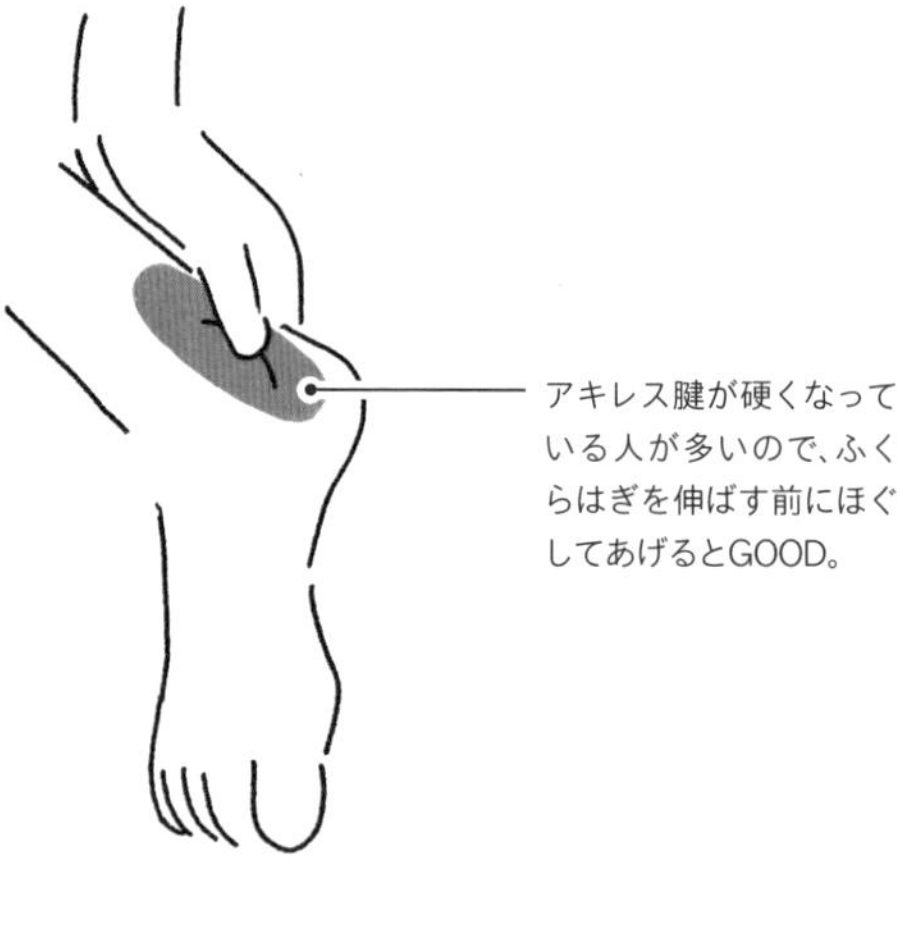

アキレス腱が硬くなっている人が多いので、ふくらはぎを伸ばす前にほぐしてあげるとGOOD。

MOVE C

膝を立てて
ふくらはぎを両手でつかみ、
親指で軽く押しながら
足首をゆっくり上下に動かす。
片脚30秒を目安に。

Q

**押すとたまに
めっちゃ痛い部分が
あるんですが……。**

足首は上下に動かす。

親指を軽く奥に押し込み、押す位置を少しずつ上にずらす。ふくらはぎの内側と外側を意識して押してみて。

A

押したときに痛い部分は、特にこり固まっている部分。毎日続けることで、少しずつほぐれて痛みも感じにくくなっていきます。

MOVE D

片膝を立ててしゃがみ
膝に両手をおいて、
体重を前に傾けて30秒キープ。

**左右30秒キープ
×
1日1~2回**

体をぐっと前に倒して、ふくらはぎをストレッチ。

かかとは床にぴったりつける。もう片方の脚は床につけておこう。

STRETCH MENU

ストレッチで体の悩みを解決！

外もも

左右30秒キープ
×
1日1〜2回

どうしてこんなふうになるの？

歩いているときなどに、つい膝が内側に入ってしまう人や、内股になりがちな人は、外ももが硬くなっていたり、膝下が外にねじれていたりすることが多いです。こういった人は、お尻の筋肉や内ももがうまく使えていないため、下半身全体のバランスが崩れて、脚が太くなりがち。ほとんどの人が硬くなっている部位なので、ぜひ積極的にやってほしいストレッチです。

MOVE A

腰骨の横から膝の横までのラインにかけて手のひらを当て、グリグリと回しながらほぐす。

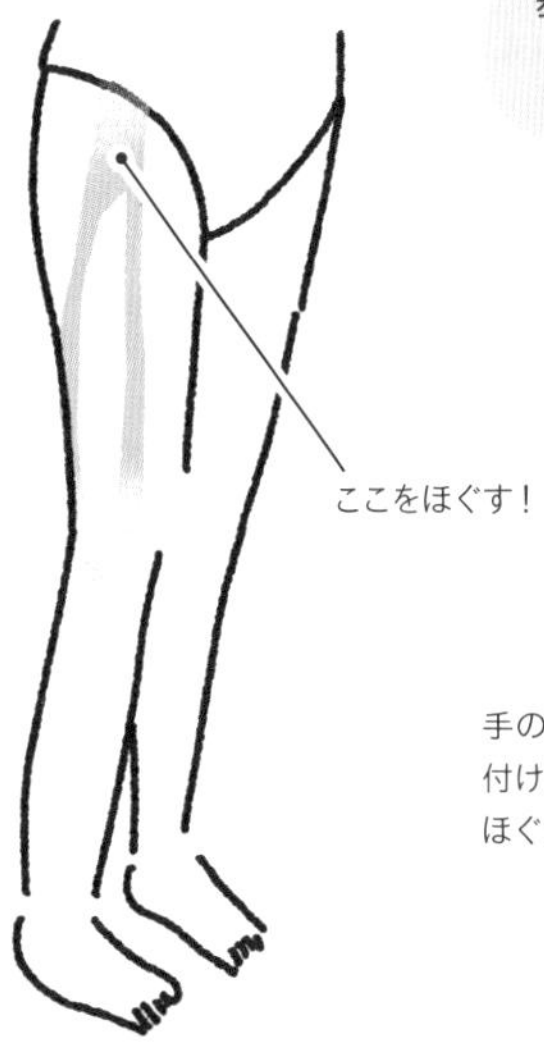
ここをほぐす！

歩きすぎると痛くなるのよね〜。
手のひらの親指の付け根をあてると、ほぐしやすい。

MOVE B

片方の足に体重をかけて立ち、骨盤を真横にスライドさせて、お尻の横を伸ばす。

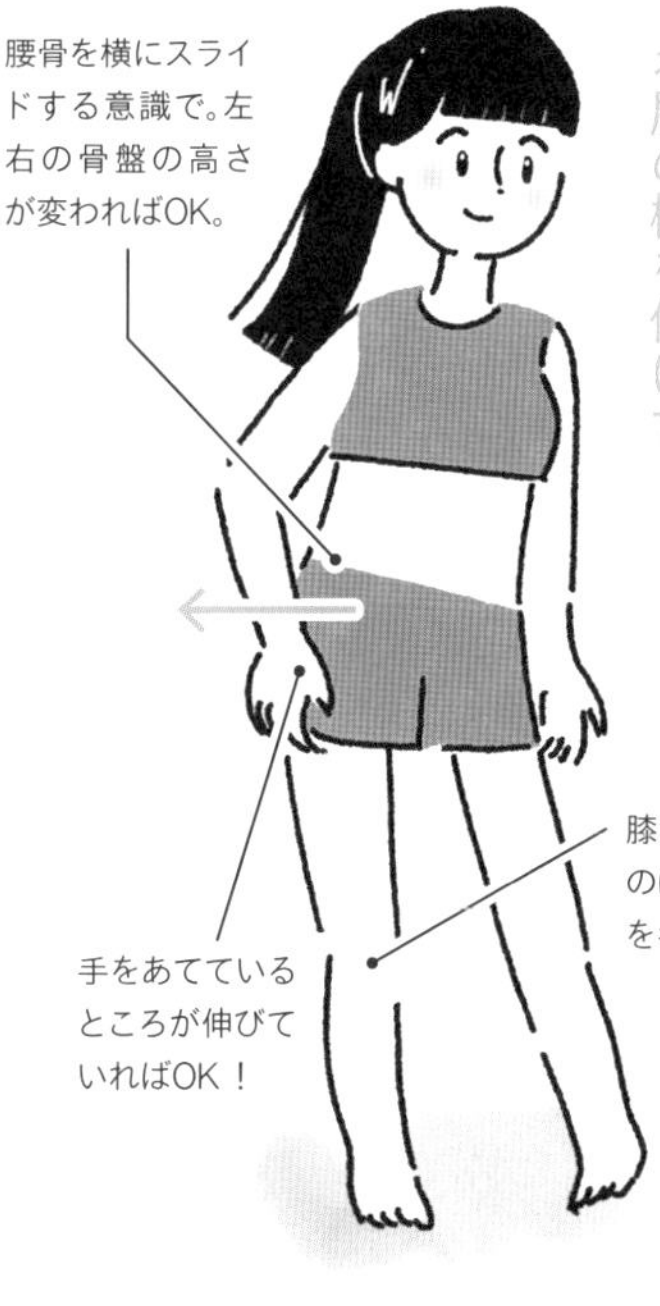
腰骨を横にスライドする意識で。左右の骨盤の高さが変わればOK。
膝が内側を向くのはNG。真正面をキープして。
手をあてているところが伸びていればOK！

もっと伸ばせそうな人は……

足をクロスさせて立ち、クロスさせたほうに骨盤を傾ける。

こっちの骨盤が上がる。
バランスがとりにくければ、壁に手をついてもOK。
こっちの骨盤が下がる。このポーズをすることで、お尻の横の筋肉をしっかりと伸ばせる。

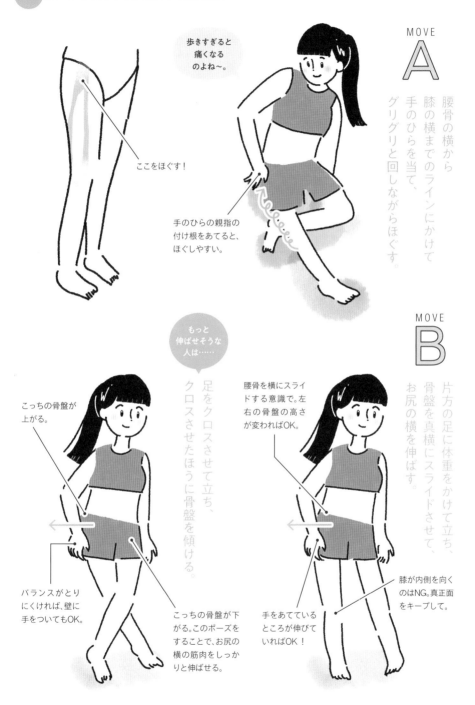

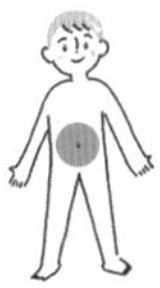

お腹

肋骨の開きを改善してくびれ作り!

チェストリフト

5秒キープ×10回

ほかの動きと同様、呼吸を意識しながら行うのが大切！ STEP２で肋骨の下側が閉じた状態になりますが、そこで呼吸することで浅い呼吸を改善でき、くびれ作りにも効果があります。

STEP 1

両膝を立てて、あおむけに寝る。

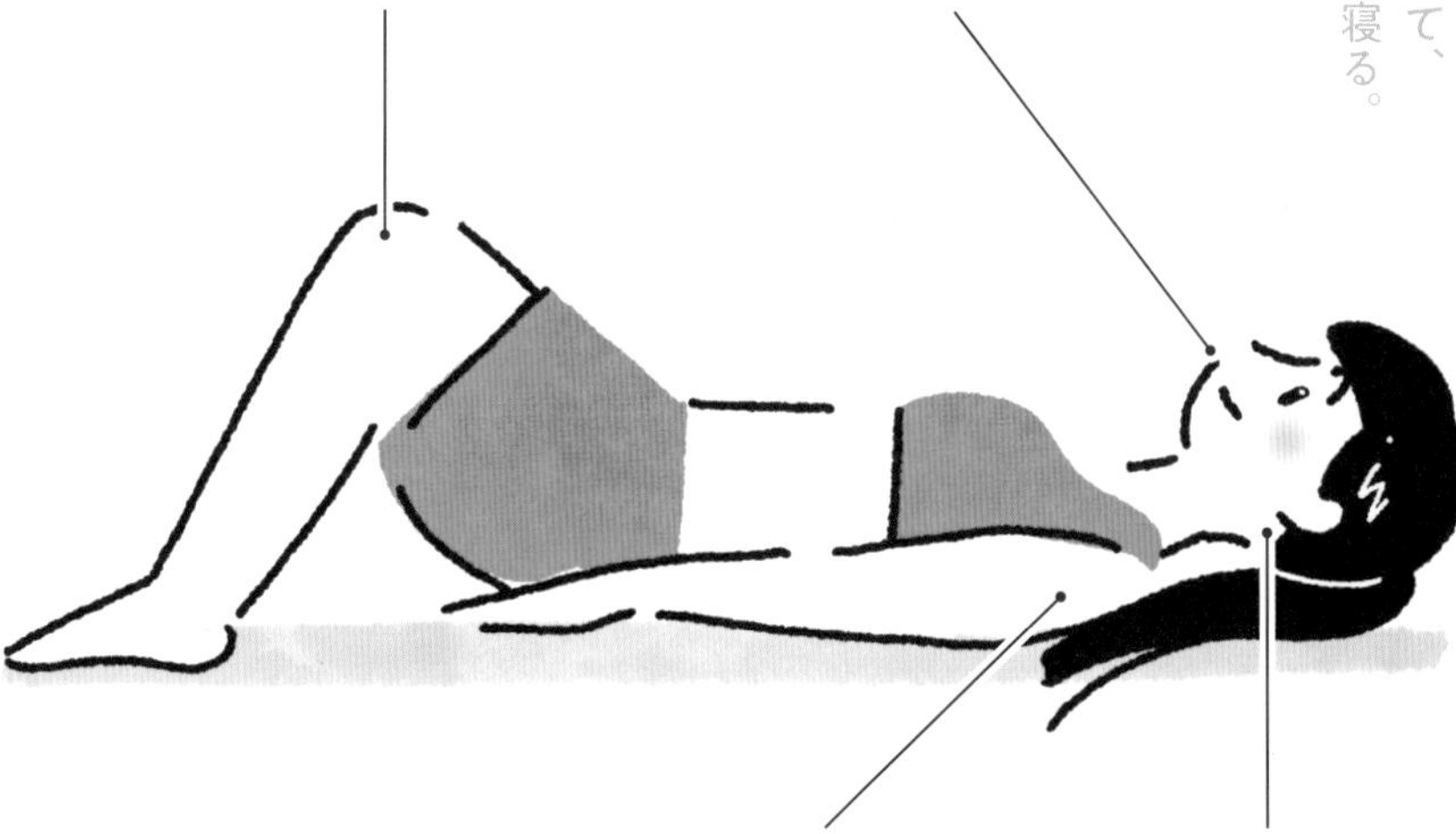

膝は軽く曲げる。

息を吸って
スタンバイ。

肩の力を抜いてリラックス。肩をすくめたり、前につき出すのはNG。腕だけを外側にひねって脇を締めておこう。

頭の下側を床につけるイメージで。

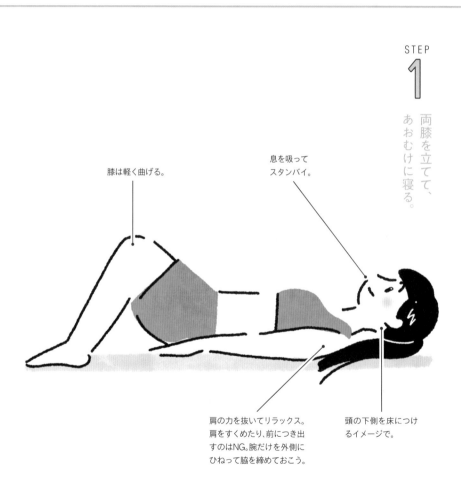

STEP 2

息を吐きながらみぞおちを
おへそへ近づけていくように、
ゆっくり背中を丸めて5秒キープ。
ゆっくりSTEP1の姿勢に戻す。
10回繰り返す。

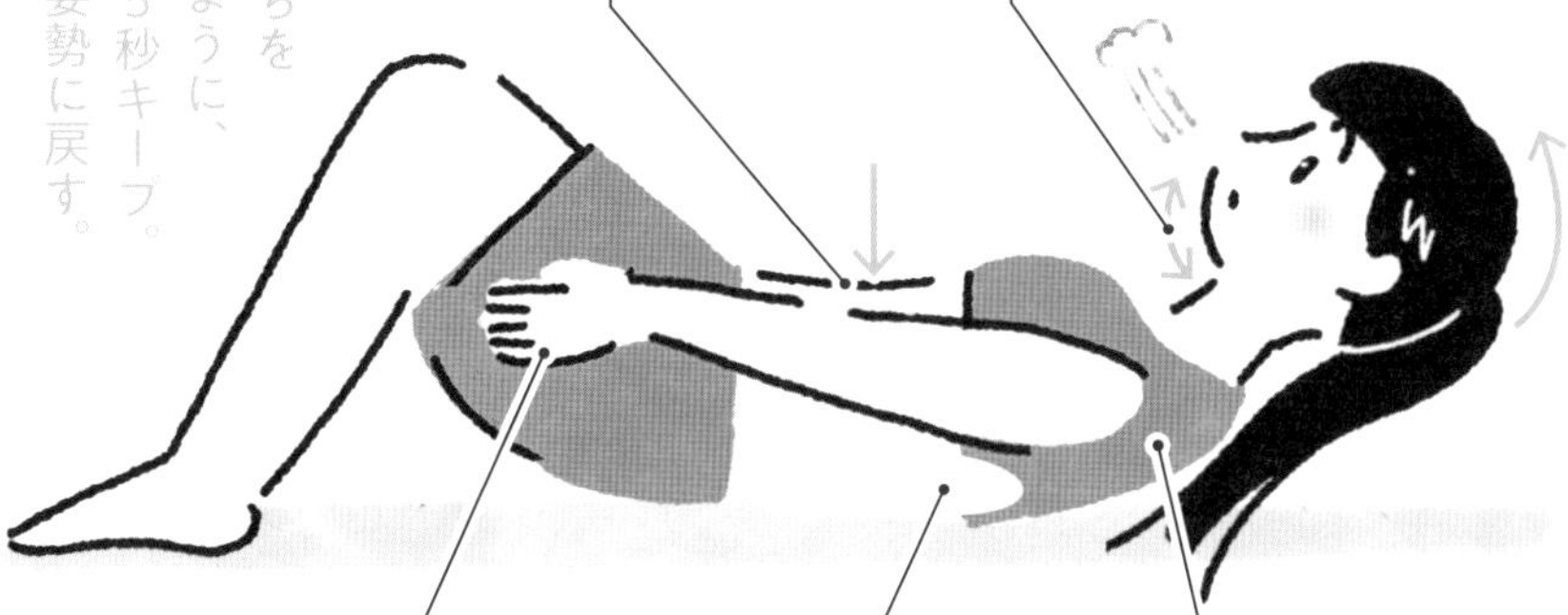
息を吐く際に、お腹が平らにへこんでいく感覚が重要。

アゴを前につき出さない。首とアゴは一定の間隔をキープし続けて。

小指側を遠くへ伸ばすイメージで、手を前にする。

このあたりを丸める感覚で。

背骨を上からひとつずつ丸めていくことで、徐々に床から離れていくように。肩甲骨が浮くぐらいが目安。

チェストリフトの効果！

- 肋骨を本来の位置に整えて、くびれができにくい状態を改善。
- 首が前に出てしまう、いわゆる『スマホ首』の改善にも役立つ。
- 深く呼吸できるようになる。

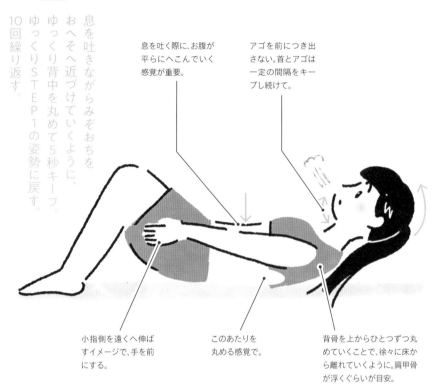

お尻

股関節のインナーマッスルを強化して脚を細く！

クラム

2秒キープ×左右20回

この動きができると、体幹を安定させながら股関節を動かせるようになるので、腰の動きすぎを抑制できます。体をグラグラさせずに、まっすぐキープすることを重要視してみて。

STEP 1

横向きに寝た状態で両足をそろえ、軽く「く」の字に折り曲げる。

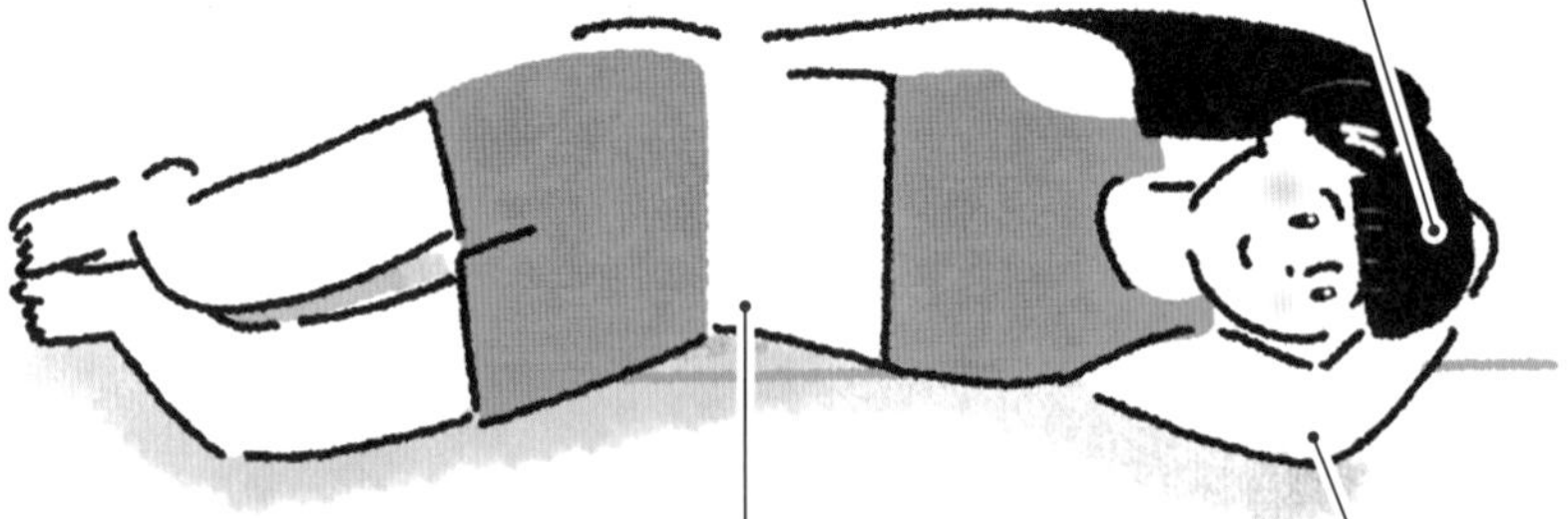
横向きの状態で背骨をまっすぐにしたいので、頭は腕にのせる。
背骨はまっすぐをキープ。そうすると、床とウエストの間にすき間ができるはず！　この状態を常に意識して。
腕は曲げても伸ばしてもOK。

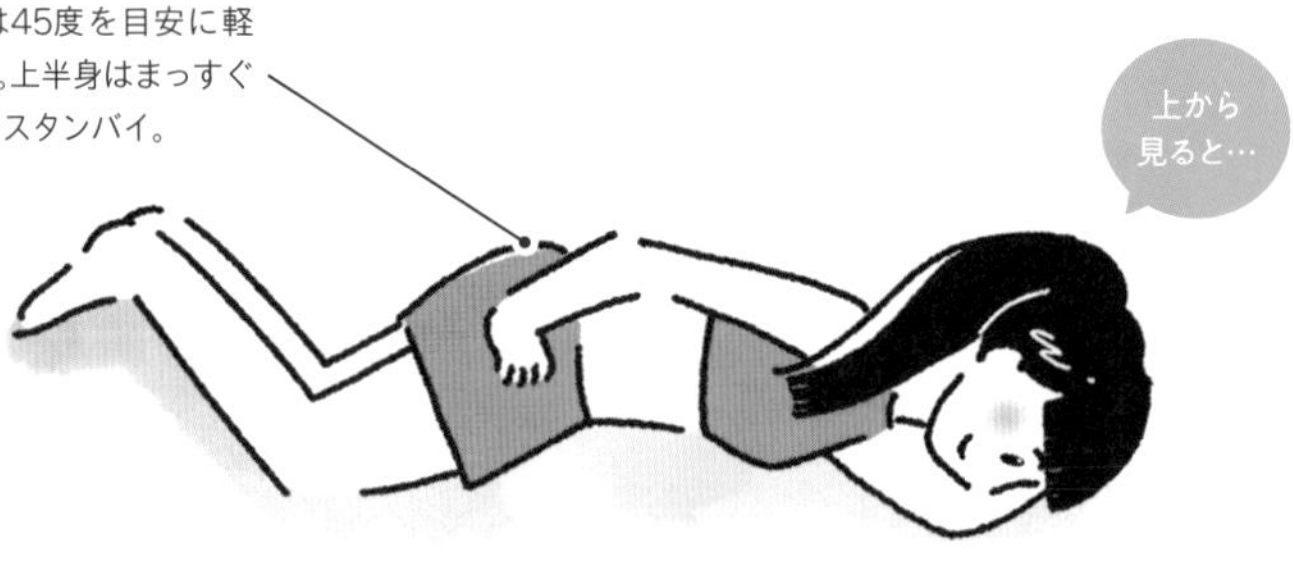
股関節は45度を目安に軽く曲げる。上半身はまっすぐの状態でスタンバイ。
上から見ると…

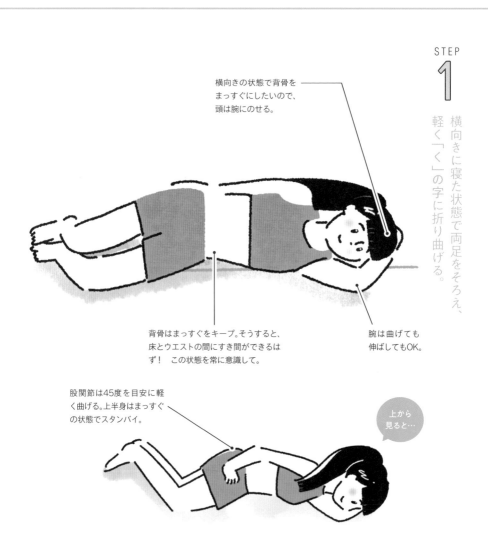

STEP 2

脚の力を抜いて、息を吐きながら股関節を外にひねって2秒キープ。20回繰り返す。

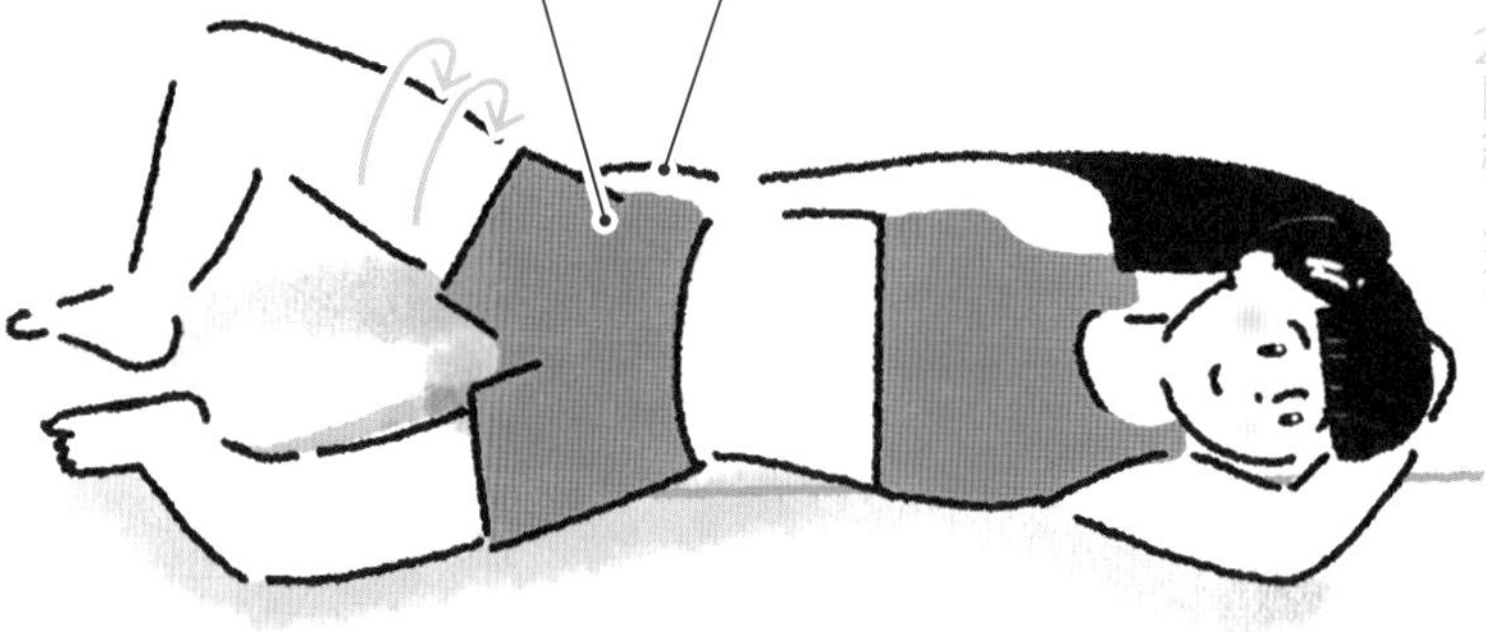
腰を反らしたり、肋骨が前につき出たりしないように注意。体幹は動かさずに、股関節だけを外にひねった結果、脚が開くように。
手をあてて腰骨が動いていないかチェック！　ここが動くとNG！

Q 太ももを開けばいいってこと？

A 膝を開くときに股関節からきちんと動かすこと。股関節を外にひねって、その結果、膝が上がったのだと考えて動かしてみて！

STEP 3

STEP2ができたら、STEP1の姿勢に戻り今度は股関節を内側にひねって2秒キープ。20回繰り返す。

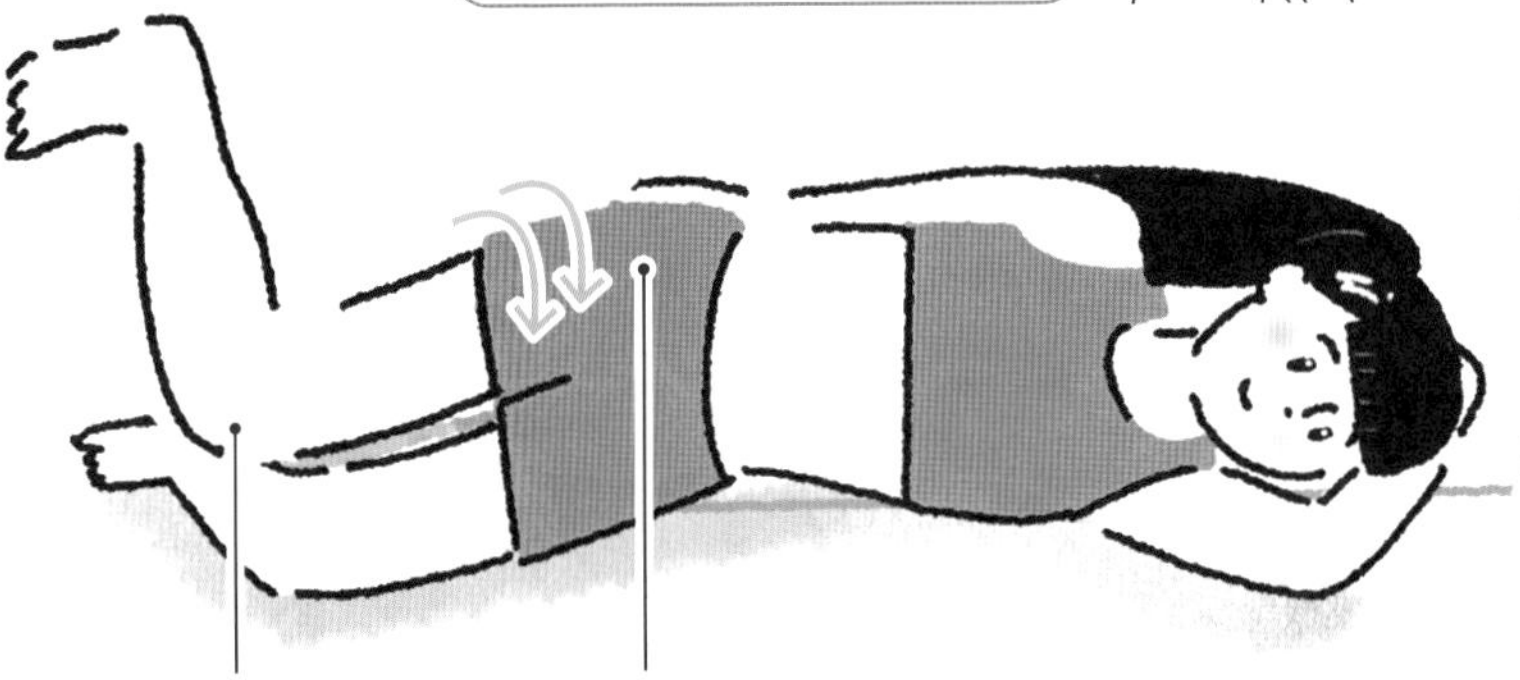
膝が浮いてもOK！ お尻をひねるイメージで。
STEP2は太ももを外側にひねる動きで膝が外に開くが、STEP3は太ももを内側にひねる動き。結果的にかかとが上がる。

クラムの効果！

- 股関節が安定することで、歩き方がキレイになる。
- 太い太ももを細くする効果も。
- 膝のねじれの原因を解消させることで、O脚の改善にも役立つ。

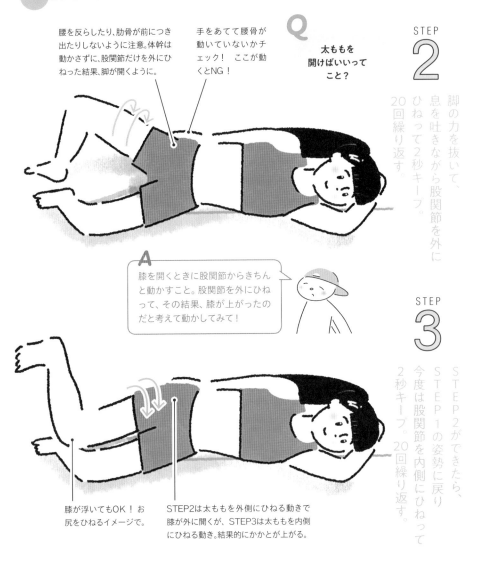

お尻・裏もも

体幹と下半身を強化し、反り腰解消!

ヒップリフト

5秒キープ×10回

体幹を鍛えて、ぽっこりお腹の改善や美脚に繋がる動き。お尻を上げるほどいいというものではないので、無理して上げすぎないよう注意。上げたときに、胸から膝までが一直線になることが大切。

STEP

1

仰向けで寝た状態で脚をこぶし1個分広げて膝を立てる。

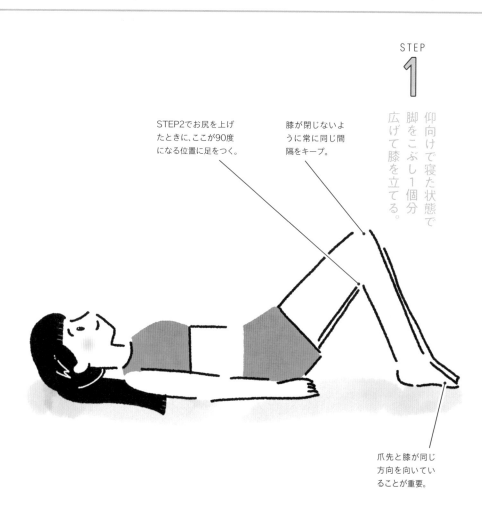

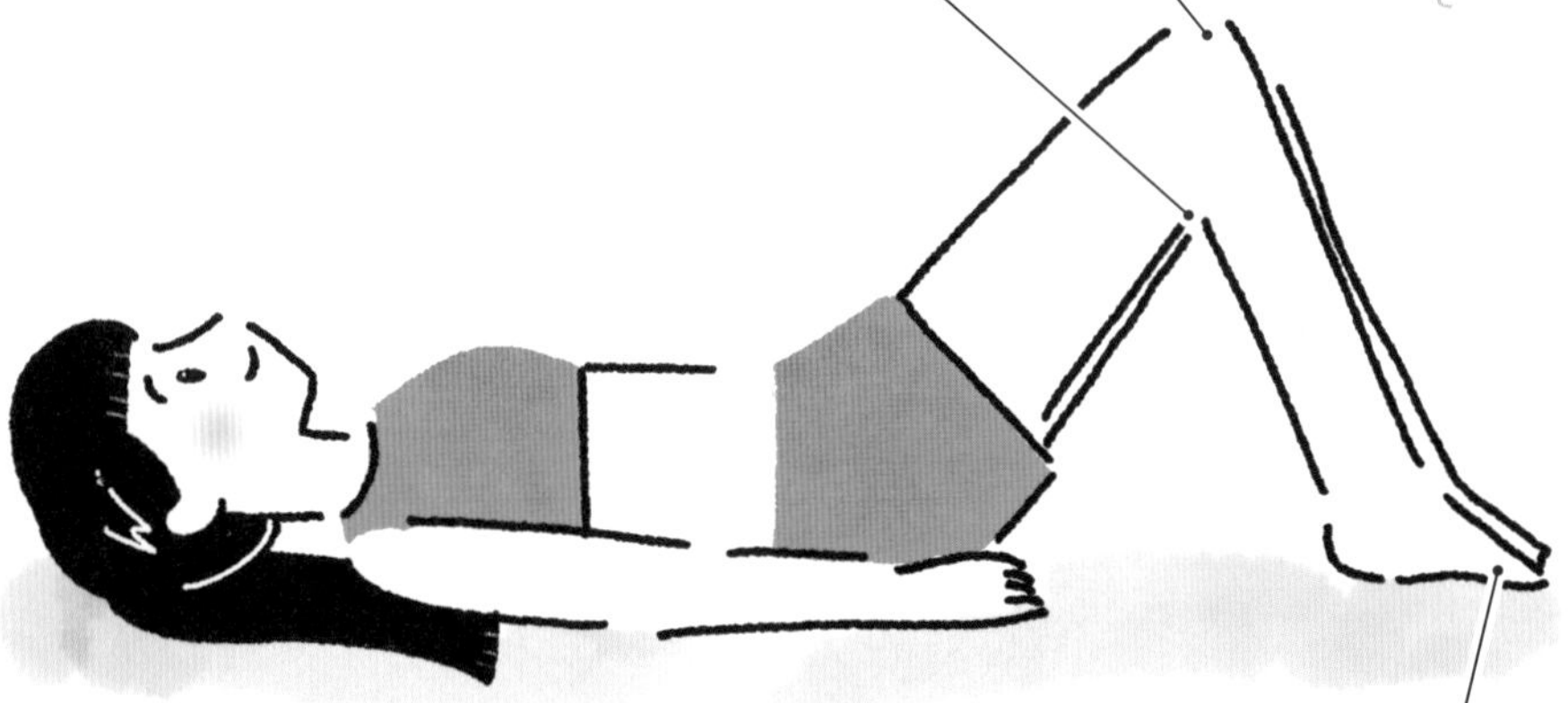
STEP2でお尻を上げたときに、ここが90度になる位置に足をつく。
膝が閉じないように常に同じ間隔をキープ。
爪先と膝が同じ方向を向いていることが重要。

STEP 2

胸から膝がまっすぐになるように、お尻をゆっくりと持ち上げて5秒キープ。10回繰り返す。

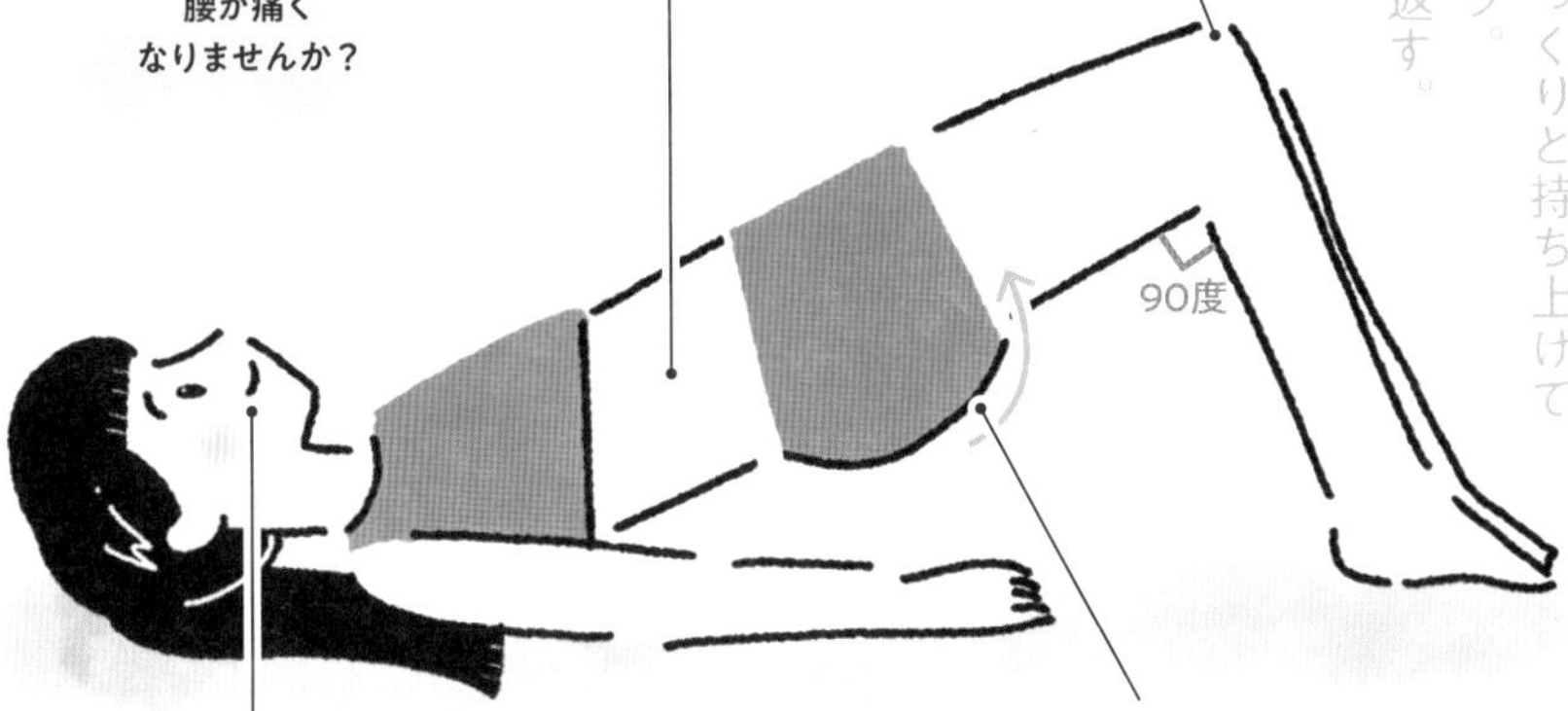
腰が反らないように、お腹で支えてしっかりキープ！
お尻を上げたときに膝が開かないように注意。
90度
息を吐きながら、お尻を上げる。
お尻でペンを挟むような気持ちで、お尻の穴をきゅっと締める。

Q お尻を持ち上げると腰が痛くなりませんか？

A 腰が痛くなるのは、高く上げようとして腰を反っているから。これだと、お腹をつき出しているだけでお尻は上がっていません。恥骨側をつき出す意識を大切に。

これはNG！

膝が開いてしまうのもNG。こぶし1個分の幅をキープして。
爪先は膝と同じ方向を向くように。外側を向いていると、バランスの悪い使い方のままになってしまう。

ヒップリフトの効果！

- 内ももや裏もも、お尻の筋肉をバランスよく鍛えて、まっすぐな脚に。
- 肋骨の開きを改善して、呼吸が深く。
- ぽっこりお腹にも効果的。

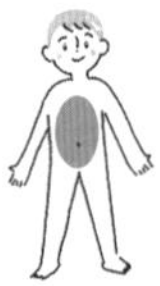

体幹

体幹を安定させ、ぽっこりお腹の解消に!

バードドッグ

10秒キープ×左右5回

脚を動かす際に腰が動いてしまうという問題を改善して、脚やせの土台作りになる動きです。
無理して脚を上げすぎず、しっかり体幹を使って体がグラグラしないようにしよう。

STEP

1

床に両手、両膝をついて四つん這いになる。目線はななめ前に向ける。

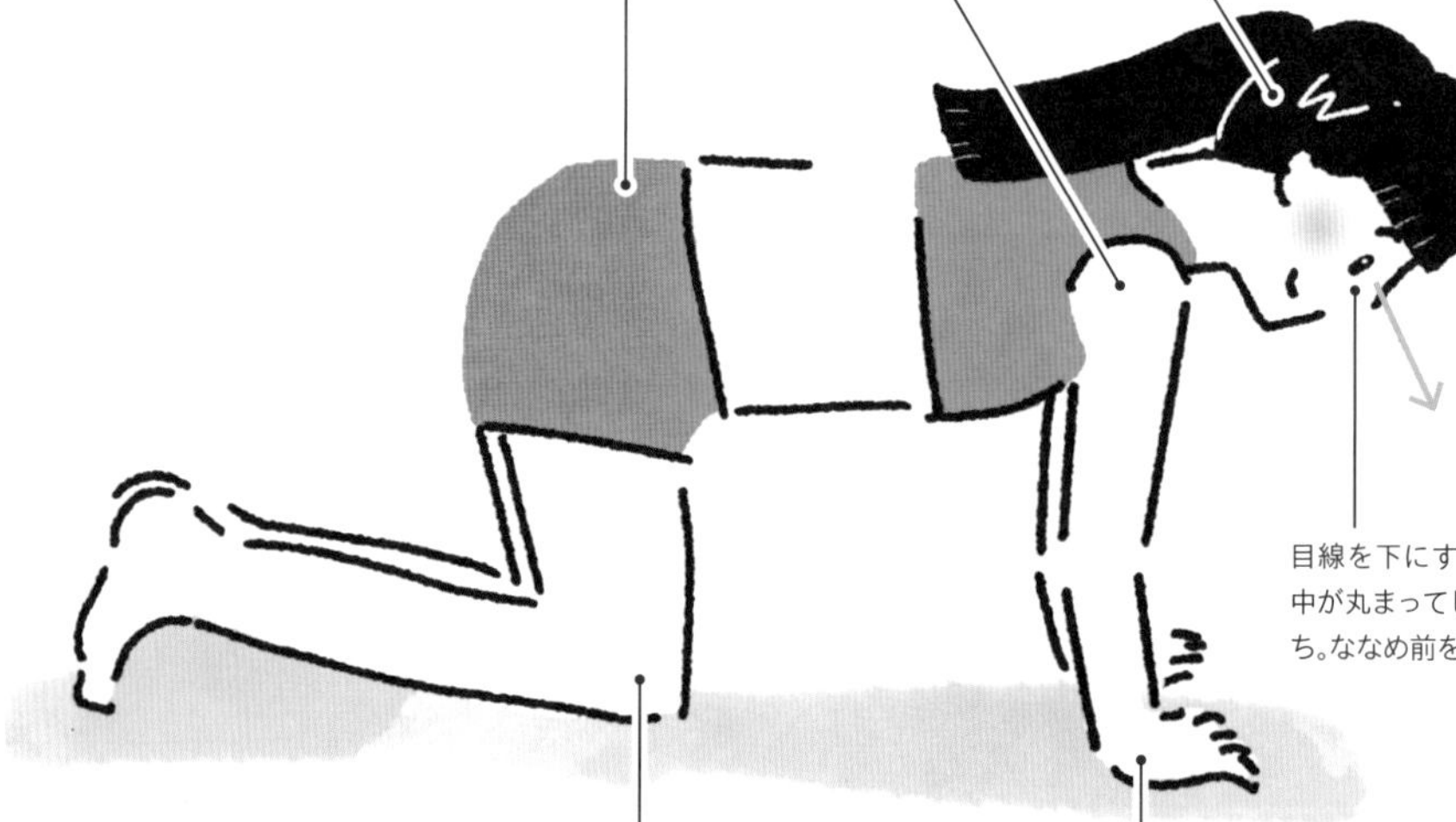

お尻からお腹、頭の先までまっすぐにキープ。特に頭が下がらないように気をつけて。
肩がすくまないよう注意。腕をしっかり外にひねって、脇を締める。
股関節をしっかり90度曲げる。
目線を下にすると、背中が丸まってしまいがち。ななめ前を見よう。
膝は股関節の真下に。
手は肩の真下につける。

Q

腕の力も
脚の力もないので、
無理そう……。

脚は必要以上に高く
上げなくてOK！
腕からかかとまでを
一直線にするイメー
ジで伸ばす。

STEP

2

息を吐きながら片方の腕を前に伸ばす。それと同時に、反対側の脚もまっすぐ伸ばして10秒キープ。5回繰り返す。

A

腕や脚などの力を使って持ち上げるのではなく、体幹（脇の下、お腹、お尻など）を使ってしっかりキープしよう！

これはNG！

腹筋の力が抜けたり、腰が反ったりするのはNG。まずは体幹を安定させることが大事なので、腕や脚は少し床から浮くぐらいでスタートしてもOK。

できることから、
コツコツと！

腕と脚を1度に上げるのが難しいときは、腕だけ、脚だけと別々に上げる練習からスタートしよう。

バードドッグの効果！

- 背骨を正しいラインに整えて、姿勢美人に。
- 肩甲骨で体を支えて、二の腕やせに。
- 脚やせの土台作りに。

ふくらはぎ・足

足の筋肉をバランスよく使って美脚を目指そう!

カーフレイズ

左右20回

足首をまっすぐ動かせるようにならないと、膝や股関節が正しく働きません。脚全体のねじれにも繋がってくるので、デスクワーク中や通勤中などに、ぜひやってみて。

STEP 1

かかとが膝から前に出ない位置で椅子に座り、太ももに軽く体重をのせる。

これなら
オフィスでも
できるかも!
爪先と膝はまっすぐ正面に向ける。
座ったときに、足の裏がしっかりとつく高さの椅子を選ぼう。
かかとの位置は膝より後ろに。

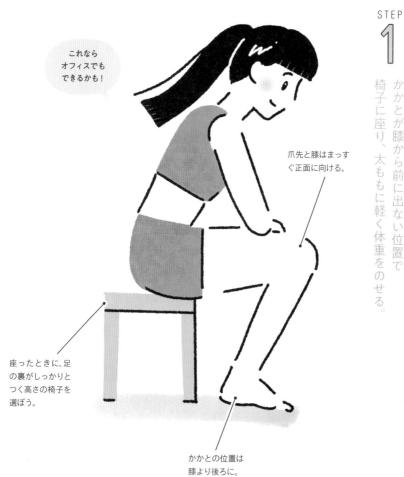

Q

上げるのはちょっとキツいけど、下ろすのは楽でいいですね！

STEP 2

体重をかけたまま、まっすぐかかとを上げる。上がり切ったら下ろす。20回繰り返す。

爪先と膝はまっすぐ正面に向ける。
かかとを上げるときは、まっすぐ真上に。下ろすとき、かかとは床につけなくてもOK。

A

かかとを下ろすときにさっと早く動かしていませんか？　むしろ、下ろすときのほうがゆっくりと動かすイメージです。やってみるとわかりますが、下ろすときのほうがキツいはず！

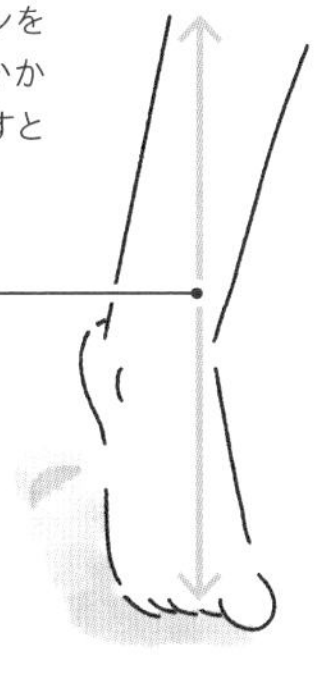
まっすぐのラインを意識しながら、かかとを上下に動かすと正しい動きに。

これはNG！

親指側、もしくは小指側に重心を傾けて上げるのはNG。指のつけ根全体に体重をかけるイメージで。

カーフレイズの効果！

- ふくらはぎの筋肉をバランスよく使ってシュッとした足首に。
- 膝や股関節が正しく働く土台になる。
- 血流がよくなり、冷えやむくみの解消にも。

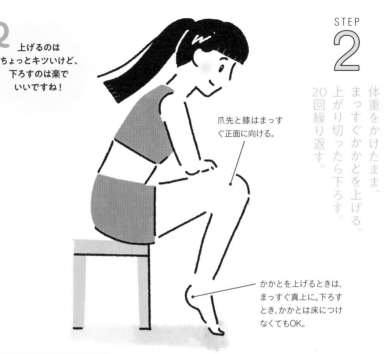

おわりに

本書を最後までお読みいただき、ありがとうございました。

いかがでしたでしょうか。

もうすでにご理解いただけたかと思いますが、やはり、ダイエットに魔法はありません。

ですが、ダイエットでもトレーニングでもうまくいかない人というのは、必ずしもがんばれない人ではなく『がんばる方向性が違う』、『がんばるイメージがズレている』ことがほとんどです。

普段の指導のなかでも、お客様からは
「こんな簡単なことで変わるんだ」

「もっとキツいことをしなきゃいけないと思ってた」

という拍子抜けしたような感想を頂くことも多いです。

トレーニングでは、ただなんとなくキツいよりも、正確に動くことが圧倒的に重要です。

正確に動けたら「え、そんなとこが疲れるの!?」という新たな発見がみなさんにもきっとあるでしょう。

このように、がんばるイメージがズレていた方々にとって、適切なアプローチをしたときに得られた成果は、魔法のように感じることがあるのもまた事実だと思います。

ダイエットや体型の改善は、間違ったイメージ、思い込みを捨てることが第一歩であると確信しています。また、近年の研究では「人間はやせようとする（体重を減らそうと努力する）と長期的にはかえって太る」という可能性も示唆されています。

これに対し、『美しくなるために心も体も健康的なライフスタイルに徐々に変える』というマインドセットで、やせようと一生懸命努力するのではなく『結果的にやせる』状態になることがなによりも重要というのが私の結論です。

また、体重ではなく見た目の改善（つまり運動機能の改善）にフォーカスすることも、みなさんを体重の呪縛から解き放ち『結果的にやせる』ことを手助けしてくれるでしょう。

本書をきっかけに、ひとりでも多くの方が『体重を減らそうとするダイエット』から卒業できることを心から願います。

女性専門個室プライベートジム
HEXAGYM代表トレーナー
Daigo

著者 Daigo（ダイゴ）
女性専門個室プライベートジム　HEXAGYM 代表トレーナー
ダイエットは『考え方』が９割というメソッドをもとに、『習慣』『動作』『思考』を最適化し、「ストレスフリーでヘルシーに」をモットーにしている。女性一人ひとりが本来持つ『美のポテンシャル』を最大限に引き出す方法を教えている。『ダイエット迷子』と『筋トレしたらゴツくなっちゃった系女子』を減らすのが昨今の目標。嫌いな言葉は『気合い』と『根性』。
https://www.hexagym.jp/　Twitter @hexagym

本文デザイン・DTP　有限会社アイル企画（酒井 好乃　堀田 優紀）
執筆協力　上村絵美
イラスト　チチチ
編集協力　有限会社ヴュー企画（山角 優子）
編集担当　遠藤 やよい（ナツメ出版企画株式会社）

ストイック禁止《きんし》！ やせる体《からだ》をつくる
ストレッチ×ゆる筋《きん》トレ

2021年3月5日　初版発行

著　者　Daigo《ダイゴ》
発行者　田村正隆

発行所　株式会社ナツメ社
東京都千代田区神田神保町1-52 ナツメ社ビル１F（〒101-0051）
電話　03(3291)1257(代表)　FAX　03(3291)5761
振替　00130-1-58661
制　作　ナツメ出版企画株式会社
東京都千代田区神田神保町1-52 ナツメ社ビル３F（〒101-0051）
電話　03(3295)3921(代表)
印刷所　ラン印刷社

ISBN978-4-8163-6952-0　Printed in Japan

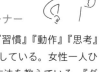